BUCH&media

T. A. Wilrode

Allerlei Rauch

Gedichte aus dieser und aus anderer Zeit

Weitere Informationen über den Verlag und sein Programm unter
www.buchmedia.de

Bibliografische Information der Deutschen Bibliothek

Die Deutsche Bibliothek verzeichnet diese Publikation
in der Deutschen Nationalbibliografie;
detaillierte bibliografische Daten sind im Internet
über <http://dnb.d-nb.de> abrufbar.

Oktober 2007
© 2007 Buch&media GmbH, München
Umschlaggestaltung: Kay Fretwurst, Freienbrink
Herstellung: Books on Demand GmbH, Norderstedt
Printed in Germany · ISBN 978-3-86520-272-7

INHALT

Rätsel und Widmung · 7

I. Auftakt · 9

II. Gedichte aus dieser Zeit · 25

III. Zwischen den Zeiten · 93

IV. Gedichte aus anderer Zeit · 141

V. In eigener Sache · 165

Rätsel und Widmung

Hoch am Abgrund
Sitzt ein Vogel
Beugt sich in die Weiten
Tief liegt unter ihm die Flur
Doch er hebt die Schwingen nicht

Ist es daß es ihm an Mut gebricht Oder ist es nur
Daß ein alter Schwur
Ihm verbietet drüberhin zu gleiten?

Seht nun dehnt er sich mit breiten Schwüngen
Über See und Wald zu gleiten
Freien Blicks nach allen Seiten
Folgend einer krausen Rätselspur

(Oder: Der Vogel sagte »glicks« und ließ ein Gedicht fallen)

I. Auftakt

Rettung

Springt in die Boote
Rettet den letzten Zwieback
Zieht die Segel windwärts
Und kommt aus dem Sog
Des untergehenden Wracks

Überlaßt die Zunkunft einer rollenden Woge
Die uns hebt oder endlich versenkt

Fort jedenfalls
Und keinen Gedanken an dienstbares Leben
Im Trockendock

STRAND

Kiele mit Tang und öligen Algen
Ragen über dem Muschelkalk wie alte Krokodile
Eine füllige Dame unter grünem Schirm
Schreit nach Limonade
Verschlafene Trinker
Liegen ohne Handtuch
Schwer dahingestreckt in der Mittagsglut
Schönheiten verströmen den Duft ihrer Sonnencremes
Die Männer zeigen Muskeln

Motorboote jagen
Kinder rufen
Hunde bellen
Ein Junge weint
Eine Qualle wird am Strand entdeckt

Ohrenbetäubende Stille
Gleißender Tanz auf den Wellen
Die Wimpel flattern bis in die Nacht

BÜROALLTAG – MITTAGS

Ich möchte dir eins reinknallen
        du blöde Senfsoße
                des Alltags

Des Büro-Ragouts, des Schreibtisch-Hick-Hacks,
        des Antrag-Ausfüll-Eintopfs

Wie du mich ansiehst mit deinen Kantinen-Augen
        in Bulettenform und
            deinen Spaghettihaaren

Patschen möchte ich dich
        bis du spritzt

Du widerlicher Schleimer
        ich habe wahrhaft genug von dir

Und komm mir ja nicht mit dem Computer!
        Und daß noch viel zu tun ist
            Und daß alles schön weiter geht

Ich habe dich satt!

Und sage mir ja nicht: »Die Wälder rauschen noch ...«

Das Telephon ist wie ein Eichhörnchen

... ihren Namen vergessen,
Margarita? Hyacintha, Belinda, Moscovita, Conchita
Lelena, Miranda oder Sue ...?
(– Wahrscheinlich heißt sie Ingrid
Aber dann nenn ich sie Sarah!)

Mein Glück: mein Notizblock – sie hat
Ihn eingesteckt – aus Versehen natürlich
Vielleicht steht mein Name drauf
Oder die Telephonnummer –
Wenigstens diesmal leserlich

Aber mein Telephon!

(Dieses penetrante, geschwätzige, unzuverlassige!)

Rührt sich heute nicht
Von morgens bis abends – nicht

Telephone sind
Wie Eichhörnchen
Und heißen »Vielleicht« –

Kann man sie hypnotisieren?

WIEDER ABEND

Federzweig über der Lampe
Schaudert noch einmal schwarz in die Nachtluft
Aber bald schon entflammt sich die Stille
Und am Abhang grasen
Versunken gewesene Sterne

Unten am Felsen blinkt
Die wartende Tiefe entgegen
Mit Mondlicht auf glühendem Wasser

Wer aber wagt den Sprung?

Fledermäuse lieben das Gleiten
Und schnellen Flügelschlag
Und lautloses Segeln

WOFÜR

Sternkolonien aus Lichterdörfern
Im aufgerissenen Gähnen der Nacht
Und auf dem perlenden Wein vom Mondlicht zerteilt
Sucht eine Mücke den rettenden Rand
Das Lachen der Baumgeister bleibt unbekümmert
Und die Gräberurnen atmen den altbekannten Duft

Myriaden Lebewesen sterben
Andere werden geboren
Und die Erde entfernt sich in diesem Moment

Einige Lichtjahre weiter ins Universum

Da sollen wir Sorge tragen?
Wofür

SCHÖNE AUSSICHTEN

Das werden sie schon hinkriegen
    mit der Sonne und dem Mond
    und den Raketen

Sie werden sicher da oben auch
    eine neue Erde
    entdecken

Mit Wasser und Luft und ordentlichen Jahreszeiten

Zu hoffen bleibt:

A. Die neu entdeckte Erde verzischt wieder ins All

B. Wir verzischen vorher oder werden zu Brei

(B. ist die bessere Lösung
    sonst fangen sie da oben
        wieder das Gleiche an)

Keine Sorge: Lösung B. kommt sicher

BAUM/KATER

Ich hoffe nur, daß die Bäume noch weiterrauschen
Wenn ich unterm Gras liege
Obwohl schon die Motorsägen
Und das Qietschen der Bulldozer ...

Während mein kleiner Kater
Selbstvergessen geschäftig
Noch den bemoosten Stamm näßt

Was weiß er von morgen

In der Ferne: Schreie von Holzarbeitern
Schreie von Spekulanten

AUS DEM TAGEBUCH DES REISENDEN

Immer wieder möchte ich
        fort von hier

Dann bin ich da wo die anderen
        glücklich scheinen

Und will zurück

Möchte dann wieder
        fort von hier

Und sofort und sofort
        von hier

Und weiß schon den Wunsch
        nach Rückkehr und Wiederkehr …

Wo also sollen wir bleiben

Weiß das jemand?

FERNE

Ferne erzeugt Fremde
Fremde ist gefährlich

Nähe erzeugt Fremde
Wenn man illusionslos wird
Und die Warzen im Gesicht der Freunde sieht
Nähe ist auch gefährlich

Gibt es einen mittleren Bereich?

Ferne erzeugt Sehnsucht
Ferne ist blau wie Azur
Gelobt sei: alles was uns aushält
  was uns anhält
    was uns fernhält

Aber nur: Was uns den Blick freiläßt
Nach woanders
Gelobt sei: die Möglichkeit
Aufzubrechen

Im Jet aus den Augenwinkeln betrachtet

Ein kleines arabisches Baby-Mädchen
das seiner sanften Mutter ähnelt
und von seinem sanften Papa
aufopfernd geliebt und geschützt wird

Ein Hündchen das im Körbchen mitdurfte
und immer wieder zittert
ich sehe es schon jetzt
auf einem ausländischen Boulevard
stolz am grünen Bändchen
promenieren mit seiner Madame

Eine fleischige Frau die mit ihren
beringten Fingern immer Sandwichs
nachstopft und den Stewart tyrannisiert

Der Börsenmakler der eingeschlafen ist
der rosa Zeitungsteil ist ihm entfallen
der Mund steht fassungslos offen

Ein paar gut gekleidete Afrikaner
die ihre seidenen Jacketts jetzt ausziehen
und schwitzen
sie hatten am Flughafen ihre Markenkoffer
mit Folie überziehen lassen

Ein junges Liebespaar
das jetzt schon müde wirkt
und voreilig Eheringe trägt

Ich selbst kann micht nicht sehen
das ist gut so
gleich setz ich die blaue
Schlafmaske auf

Auf der Konferenz

Auswärts haben sie
Jacken und Schlipse an
Und gut geschnittene Hemden
Auch die Schuhe waren teuer

Auswärts sprechen sie
Französisch manchmal und englisch
Und ein paar Brocken Landessprache auch
Und sie kennen alle die Wörter
Die gegenwärtig im Kurs sind

Über Weinsorten und Menüs haben sie
Eine Meinung

Sie wissen auch
In welche Ausstellung man gehen sollte

Wie haben sie das nur gemacht?

Haben sie inwendig Drähte?

Oder waren sie auch mal so eine Art ein Embryo?

Wie haben sie das bloß gemacht

Diese Mutanten!

Alle Städte

Alle Städte sind gleich
– was natürlich eine
 falsche These ist

Alle Städte werden gleich
– was natürlich eine beunruhigend
 realistische These ist

Alle Städt tendieren
 zu Schrott und Reklame
  und überdehnten Müllhalden
– ich hoffe jemand
 widerspricht mit Beweisen des Gegenteils

Alle Städte verschwinden eines Tages
 in Schutt und Asche
  ...

(Oder?)

Epilog – vorläufig
Für Joachim Ringelnatz

Das Lämpchen geht an
Des Lebens

Und dann?

Das ganze Ziel des weiteren Strebens
Ist, daß es weiter brennen kann

Und dann?

Das wissen wir nicht
Gib dich zufrieden Mann
Und fang nicht zu lügen
                    an
Solln sich die andern damit begnügen
                            wer kann

Aber das Ziel des Lebens?

Das wissen wir dann
Schau dir die vielen heiteren Lämpchen an
Und denk: vielleicht ist schon das nicht vergebens

II. Gedichte aus dieser Zeit

Träume, Erinnerungen, Bilder

TÜREN IM TRAUM

Sage nicht mehr »ich komme durch diese
Und diese Tür«
Nein du durchquerst sie nur
Sie tun sich auf und sie gehn zu
Wie's ihnen gefällt

Dahinter
Der Regenwald oder Manhattan
Vielleicht
Oder Zantfoort am Meer
Oder die Flugbahn

Schon möglich
Wen kümmerts
Dort ist schon die nächste Tür
Ich durchquere sie nur
Wenn es sein muß
Oftmals mit Zögern

Doch diesmal
Eine Tür anders als andre
Seitwärts gelegen
Verlockt
Führt in Zimmerfluchten
Ein um die andere
Verspiegelt
Unabsehbar

Und überall steht
Der Kindheitsgeruch
Durchstochen von Kübelpalmen
Unverwechselbar
Und gesättigt vom heiligen Bohnerwachs

Und da
Langsam und unbesieglich
Nähert sich der buntseidne Kasperl
Aber ich gehe rückwärts
Schließe sie wieder
Diese Tür
Leise
Behutsam

Es ist besser so
Denn wenn diese Tür einmal zufällt –

Wer weiß
Ich halt sie mir offen

ALLES MUSS SICH DRINGEND ÄNDERN

Frühling oder Herbst
Hoch in den Bergen
In eine Decke gewickelt
Ausgesetzt grau-feuchter Luft
Mittagschlaf auf der Veranda als tägliche Pflicht
(Für Kriegskinder bekömmliche Frische
Alpenkuhmilch und Sahne
Nur keine Schokolade
Höchstens am Sonntag)

Über dem Balkongeländer
Nur wenige Schritte durch die Wiese
Hinter dem Internat
Wäre der Tannenwald
(Haben wir oft gedacht)
Dahinter die Grenze
Und dann das Niemandsland

Alles ist unbestimmt
Von Schlaf keine Spur
Nur viele Krähen von Ast zu Ast
Und es pocht in den Schläfen
Eines ist sicher: Alles muß sich dringend ändern
(Denkst du)

Doch die Eltern sind weit
Und es ist niemand da
Dem es sich lohnte
Es anzuvertrauen

Aber eines ist sicher
Alles muß sich bald ändern

Bilder zum Ausgang

Tropenwald, Makak und Kolibri
Das Ich im Morgenhemd
Und weite Himmel unterm Gürtel
Straßenzug in Wien aus Staub und Blau
Die Bucht von Skiathos

Ihr Bilder – wohin
Wohin verführt ihr mich
Zurück ins Einst
Oder zum Ende vorwärts
Gibts einen samtnen Ausgang
Oder helle Pfade
Und leichtes Wechseln
Ins Hinüber
Wen kann ich bitten
Oder ist's vergeblich
Daß die Fahrt den Abgrund meide
Wem vertrau ich meine Seele
Aus schwarzem Schiefer
Daß die Schriften ausgelöscht
Mit Schwamm und blauer Seife
Nicht hindern neuen Eintrag
Ausgelöscht
Gelöscht
In helles Weiß
Wie dies Papier

VORFRÜHLING

Ein helles Krähen dicht am Ohr
Ein Ast vom Baum geschnellt

Räderknarren auf dem Hügel
Geruch von starrem Holz im Rauch

Ein Strich von Nebelregen
Löscht die Feuer

Die Augen
Schließen –
Warten

Durch die Wolken
Spürbar
Die Sonne
Auf der Haut

NACHKRIEGSJAHRE

Sonntag Morgen
Ferientag
Noch Dunkel in den Ecken

Ausgeruht alles
Wasser in der Ferne
Stimmen in der Luft
Die von hier bis dorthin reicht
Wo sie wohnt
Die neu Hinzugezogene
In der Mansarde

Überall Fahrradspeichen im Licht
Körper noch schwer von Arbeit
Nun unterwegs

Dem Dampfhorn nach
Zur zitternden Lände
Aufs Schiff geströmt und Gangwaypoltern
Rauschende Schaufelräder
Abgelegt
Rasch wird das Ufer kleiner
Das Nachbarkind
Die neu hinzugezogene
Winkt
Lange

Draußen Segel
Boote
Grün und
Braune Schatten
Am Ufer

Etwas Wind
Treibende Kastanienblüten
Auf dem Wasser
Zeitlos unterwegs
Und langes Läuten noch am Abend

Im Traum
Immer noch Sonne
Und das helle Winken am Ufer

Beginnender Herbst

Einsame Harke im Sand
Laub der Kastanie
Blätter des Maulbeerbaums
Ein Flugzeug am Himmel
Weit hinten sein schraubender Ton

Die schrägen Striche des Vomittags
Auf der Haut
Auf dem Pfad
Auf dem Gang
Auf den Korridoren

Ein Kokolores von Vögeln
Im starren Ginster – vorbei

Noch spärlich der Blätterfall
Dungfeuer schwelen im Tal
Schöne Leere des Jetzt

AUSRITT

Wie in einem dunklen Wald
Geschmeidig auf und ab
Und plötzlich in der hellen Lichtung dann
Dem tiefgebeugten Vormann nachzujagen
Eintauchend in Bewegung

Unvermutet eins
Mit dem verwunschnen Tier
Und unter dir
Die Hufe
Stampfen

VORSORGE

Es wird Herbst
Der Regen beginnt
Und schon ein Feuer im Kamin
Und auch einen Freund im Gebirge –
Er meldet den ersten Schnee

Das Brennholz bezahlt und gestapelt
Im Regal viele ungelesene Bücher
Und einige Flaschen Rotwein
Gibts auch für den Winter

Ungeduld
Neue Gedanken

November Wind

Da – Jetzt legt er wieder zu
Packt Tauben
Wirft sie in die Nacht
Wirbel von Blättern hinterdrein
So fegt er die Straßen

Aufspringen jetzt
Am Geländer hinab
Nicht Angst vor Regengüssen
Schnell in die Siebenmeilenstiefel geschlüpft
Mit Hunden und Katzen
Um die Wette gejagt durch die Gassen

Im Vorbeifliegen
In die Fenster gespäht
Wie sie Tee trinken – oder vielleicht auch anderes
Wie sie da sitzen – oder vielleicht auch mehr

Jedenfalls sind sie jetzt weg von der Straße
Wahrhaft gute Zeiten für uns

WINTER IN DEN BERGEN – DAMALS
Kokon und Gegenstrophe – für Gertrud von Le Fort

Der Apfel fault der Holzwurm tickt
    Ob unser hohes Glück wohl glückt
Nur still zu sein und dann die Weiten
    Des Sternenraums in friedlichen
Gedanken zu durchmessen

Einsames durch die Wälder Schreiten
    Nutzlosen Haß vergessen
Und Kerzen zünden vor den Fenstern
    Draußen stilles Schnein
Und abends noch verhaltnes Kufengleiten
    Das hält vor unsern Schranken
Du weißt ein guter Bote kann den Weg im Dunkeln finden
…

Der Schnee erstickt umsonst den Schrei
    Der Welt um das Begangene.
Wer atmet heute frei? Nur der Gefangene?
    Ihn kümmert nicht
Was morgen wird im Tagesallerlei
    Ihm ist die Sorge um die Zeit genommen
Und alle Menscheitselendstage die noch kommen –
    Und doch wünscht jeder
Sich den letzten Kerkertag herbei

JAHRESWECHSEL

Immer noch Schnee
Auf den Furchen
Am kargen Himmel
Der Mond noch
Während die Luft
An den Dächern saugt
Die Erde
Mit ihren knorrigen
Büschen:
Ein totes Tier
Die starre Haut
Strotzt vor Borsten

Schwarz-weiß
Schwarz-weiß
Schwarz-wei-
ß fährt ein Zug vorbei

Alltag

Charmanter Unhold

Ich fülle Holz in Holzbehälter
Ich fülle Plastik in Plastikbehälter
Ich fülle Papier in Papierbehälter

Und ich fülle Geld in den Riesenrachen
Er lacht mir zu und sagt
»Machs gut« und »weiter so!
Und außerdem hab ich noch eine
Spezialversicherung für dich
Du weißt ja, deine Rente ist nicht gesichert –
Aber ich – ich mach dir die Bahn frei!«

Und ich denke
»Besser springst du gleich selbst hinein«
in den Riesenrachen
Und schon knackt er charmant mit den Kiefern
Doch ich, ich weiß nicht wie, kann grade noch widerstehn
Und springe zur Seite – gerettet!

So ein Kerl ist das, sag ich euch!

DER LIEBLINGSKATER IST GESCHOREN

Jetzt sieht er aus wie eine Wilder
Wie ein Irokese
(Auch er)
Man hat ihm die Hinterbeinchen geschoren
(Arg verfilzt schon und brandig die Haut)
Jetzt sieht er aus wie ein Gockel
Oder ein Geck
Oder ein Dandy am Hof Karls V.
Oder einfach wie ein geschorener Pudel
Das stört ihn
Ich glaube er weiß es
Denn er ist ziemlich beleidigt
Und es verdrießt ihn
Mehr Pudel Ponto zu sein
Als stolz Kater Murr
Doch dann – einmal die Blöße beleckt
Entschreitet er gravitätisch
Ein Dandy am Hof Karls des V.

Halbe Predigt wider die Realisten

Ich werd euch
Graue Kater und weiße und rote
Zu bunt treibt ihr mir's vor dem Fenster
Stellen den Sing-Vögeln nach!

Ruhe! Sofortiges Ende!
Legt euch von mir aus nieder
Auf Treppen, Simse und Stühle
Macht's euch bequem
Stellt euer Haar auf
Fangt Sonnenstrahlen
Und all die schönen Vögel jagt
Von mir aus in euren Träumen
(Lernt also von einem gewissen Meister!
Zähneknirschend wie er)

Man muß nicht alles jagen, was frei ist
Man muß nicht alles greifen, was fliegt

Aber man muß vielleicht
Nachjagen doch
Einem Nicht-Traum
Um den es sich lohnt –
…
Naja und soweiter

SPERLINGE

Wer seid ihr, was führt euch in hellen Scharen her?
Sprich! Du der verwegensten Flatterknirps' einer?
Kirsche und Pfirsich und seltene Birne
Von Äpfeln zu schweigen

Raubt, hackt, zerpflückt ihr
Vergeudet, verschleudert mit euren Schnäbeln
Und schließlich auch noch den Wein!
Kaum gereift, schon zerbissen
Die Frucht und der Boden besudelt
Kerne verspuckt wie die Beutelratten
Was für ein Frevel!

Das schreit nach Rache
Enweder die Flinte oder das Netz
Oder beides!

Wie? Gesang hättet ihr mir bereitet und Freude
Durch buntes Federkleid?
Nichts da!

Doch ich verzeih euch und lasse euch walten
Denn ihr fliegt, flattert und hüpft
Auf zwei Beinen und
Gebraucht Flügel
Rollt nicht auf Rädern
Und werdet nie
Autobahnen bevölkern und
Vermeidbarem Unsinn folgend
Mit mechanischer Treu
Rattern und donnern
Schwerbelastet durch Tag und Nacht.

FRÜHE ENTSCHEIDUNG

Noch im Bett bleiben, wenn der Wecker klingelt
Ihn zum Schweigen bringen
Sich noch einmal umdrehen ...

*(... die mit dem langen Haar
und den fließenden Bewegungen,
wie hieß sie noch ... zugleich Tante
und Cousine /Akkordeon im Zahncrème/
Linda bella/Wendeltreppe vor dem Fenstersims/
und jene wie ein Pferd ... und doch die Hand so weich
wie einer Toten ...
doch andes als der Mumie, die zu sprechen anfing
mit goldenen Zähnen ...)*

Aufwachen und Träume zählen
Nein sagen zu dem dressierten Drang
Nach endloser Geschäftigkeit
Nicht hinhören, wenn die Zeitungsfrau
An der Tür raschelt
Sich weigern, ernst zu nehmen, was da aus der
Täglich angelieferten Druckerschwärze aufsteigt
An Kaffeewasser denken und vor allem
Daran daß man diesen Morgen nicht allein ist ...

Ist sie schon wach?
Muß man sie nicht endlich, darf man sie wecken?
Möglich, daß es Proteste hagelt – oder sie gähnt!

Aber die Sonne –
Dringt schon
Spitz durch die Jalousien
Quillt durch alle verquollenen Ritzen
Kennt keine Gnade

Und ich?

Auch dieser Tag könnte ewig sein
Warum also warten
Also: Stürmische Begrüßung!

Herrliche Frühstücke

Oh dieses Frühstück
Mit der schönen Butterkuh
Aus Porzellan
Zu zweit

Mit Kaffee, Tee und Marmelade
Wir streiten und versöhnen uns im Nu
Nur dauert es nicht lang, wie schade!

10 Uhr

Zehn Uhr morgens: schöne Zeit
Man hat noch viel Tag vor sich – denkt man
Aber ein zweites Frühstück
Kommt vielleicht schon infrage
Immerhin sind die Nachrichten fast
Halbwegs verdrängt
Und auch schon viel beschriebenes Papier
Zerknüllt

Ja wie gesagt zehn Uhr morgens
Und ein Herbst wie in Nachkriegszeiten
Auch eine Trambahn klingelt wie vor fünfzig Jahren
Und ein Propeller schwirrt hoch in der Luft
Genau wie damals, als die Alliierten kamen …

Die Trambahngeräusche kommen alledings
Von einer Schallplatte aus New Orleans
Straßenmusik aus den Dreißigern
Aber der Propeller in der heutigen Luft ist echt –
Ein Sportflieger hat sich über uns verirrt

Zehn Uhr morgens –
Da ist das Blatt noch halb leer
Und die Gedanken sind noch nicht erstarrt
Zu Druckerschwärze

GLIMPFLICH

Bei Ostwind
Wenn es feucht ist
Hört man sie
Den ganzen Morgen wie auf tausend Ketten fahren
Die Räder dort unten auf dem Asphalt

Um 11 hört man sie dann allerdings kaum noch
Wenn es schön bleibt, und die Autobahn trocknet
Nur noch ein paar Amseln im Gebüsch
(tatsächlich)
Manchmal sogar ein Pflug

Auch der Himmel klart auf
Nur ein paar frische Kondensstreifen, fünf oder sechs
Erst mittags kommen sie wieder
(günstige Flugroute heute)

Ein glimpflicher Tag

ANONYMER ANRUF

Meistens sitze ich neben meinem Antwortgerät
Und laß die Anrufe erst mal kommen;
Wer weiß, was einer von einem will. –
Also erst mal abwarten.

Doch plötzlich: ein brabblende Stimme,
Schon eher feucht-frech, aber nicht zu erkennen,
Wartet gar nicht erst ab, redet einfach drauf los:

»Hör mal, ich weiß daß du da sitzt, verstell dich
Gar nicht erst,
Und nimm auch bloß nicht ab, ich will
Gar nichts von dir hören
Und geschenkt will ich auch nichts.
Aber ich will dir mal was sagen:

Weißt du, was mit dir los ist?
Du kriegst deinen Hintern einfach nicht hoch,
Das ist es.
Und tschüß und leck mich!«

Das hat irgendwie gesessen.

Moment mal

»Habe ich Sie doch erwischt!
Fährt der Kerl über 100 und ist noch ein Grüner.«

»Ich muß eben dringend zum Zug!«

»Das macht nichts, jezt zahlen wir erst mal
Die Strafe!«

»Schön, aber jetzt hab ich ihn auch schon verpaßt,
Bleibt nur der Airport.«

»Wohin fliegen Sie denn?«

»Zum Kongreß gegen klimaverändernden Flugschmutz.«

»Das nenn ich konsequent!«

»Und Sie, warum tragen Sie diese Uniform?«

»Von irgendwas muß man leben;
Unser Hof gibt schon lang nichts mehr her,
Wer kann heute noch Bauer sein wie mein Vater.
Jetzt schreib ich die Bauern auf,
Die Pestizide verpritzen,
Die armen Teufel!
Man müßte das alles ändern!
Von Grund auf!
Von den Bedingungen her! Verstehen Sie?
Macht 150! Hier!
(Ein Grüner und nochdazu ein Abgeordneter!)
War mir 'ne Ehre!«

»Und? Wie war doch noch die Farbe
Ihrer Uniform?«

»Wie meinen Sie das?
– Ach so!«

»Also, vergessen Sie's nicht!«

»Eih! Moment mal!«

Das siehst du falsch

»Du hast keine Muße, klagst du?
Das siehst du falsch.
Ab morgen wirst du sie haben.«
»Wieso«, frage ich.
»Da kommt ein blauer Brief.«
»Aha«, sage ich.

»Siehst du, ab morgen hast du sie,
Deine Muße, den ganzen Tag.
Da wirst du nämlich einteilen müssen
Das dreimal Zuwenige,
Und siehe, du wirst leben besser als ein Fürst.«
(»Hinter Stacheldraht,
Oder wie Dracula in der Gruft oder so«, denke ich).

»Und du bist sogar frei,
(Bis auf einige Vormittage in der Woche).
Und jeder Tag wird
Einen Sinn haben,
Denn du wartest auf einen Anruf,
Und wehe, du bist nicht zuhause!«

Privileg

»Du gehörst zu den Glücklichen«, sagten sie mir,
»Du hast Arbeit!«

Der Minister,
Der Abgeordnete,
Der Chefmanager,
Der Aktionär,
Sie alle, die gerade
Mit einer goldenen Abfindung
Das Haus verließen;

Und ich fragte:
»Was habt ihr?«

Den Blick hättet ihr mal sehen sollen!

Tröste dich nicht

Bier ist ein Seelentröster
Wie tut es doch im Kopf so gut
Es schrumpft der Feind
Es wächst der Mut
Die Zunge wid gelöster
Und alle Gegensätze scheinen jäh geeint

Und eh man sichs versieht
Ist auch die Lage beinah wieder heiter

Tröste dich nicht, es geht so weiter
Das Schlimmste kommt noch
Also: Kühlen Kopf und Mut

BUMMELN

Heute nehm ich mir frei,
Geh ins Bistro um zehn,
Geh auf den Markt;
Schon eine Curry um 11,
Und dann ein halbes Hähnchen
(no vegetarians today) um 12,
Aber im Lokal mit Comfort (freundliche Bedienung)
Noch einen Kaffee
(Gut französisch oder italienisch).
Und dann im Bücherladen:
Ich ärgere mich nicht,
Ich sehe alle die schönen Kunstbände an,
Ich denke weder an mein Konto
Noch an meine Regale, die nicht ausreichen,
Und schon gar nicht an meine Zeit,
Ich übersehe auch schlechtere Reproduktionen
(Wenn's denn was Historisches ist)
Und die prätentiösen Titel
(»Kochkunst der Maya,«
»Spätbarocke Kafeemühlen«,
»Preußische Schlösser« etc.).
Nein, ich ärgere mich überhaupt nicht,
Auch nicht darüber, daß die Buchhändlerin
(Gerade die hübsche) so spitz ist und etepetete
Und zweimal hinhören muß,
Bevor sie einen ausländischen Namen versteht.

Ich ärgere mich nicht! Wirklich!
Und schon gar nicht darüber, daß andere
Soviele Bücher geschrieben haben.
Nein, ich freue mich, »daß die Welt jeden Augenblick
Um soviele Gedanken und Gefühle reicher wird etc.«,
Und ich verspreche, jeden Lyrikband,
Den ich aufschlage, (»pretentiöse Titel, wie oben,
Wenig Gedanken, viel Aufmachung«),

Nicht gleich wieder zuzuschlagen.
Nein, das alles werde ich nicht tun.
Ich lese geduldig, ich lasse mir Zeit.
(Mein Gott, bin ich heute anständig und gut!)

Denn ich weiß ja, es braucht sie, die Zeit,
Schon um zu leben, geschweige denn erst ...
Aber lassen wir das!
Heute schlage ich auch nicht
Die großen Bildbände auf
Von Übersee und weiten Reisen
Und barocker Pracht,
(Hütten am Orinoco und Herrensitze am Tejo?
Könnt euch so passen!),
Auch nichts über karibische Küsten!
Auch nichts über Ahnen und Schlösser im Osten!
Und alte Werte!
Nein, heute bitte wirklich nicht!

Den grauen Himmel,
Heute laß ich ihn gelten,
Heute nehm ich mir frei.

UNERWARTETER HASE

Mitten auf dem Rasen
Am See
Ein Hase
Alle Hunde an der Leine röcheln
Zerren sich halb zu Tode
Er
Bleibt
Unerschüttert
Hoppelt nur
Einige Grasbüschel weiter

Woher dieser Hase
Was treibt er?
Ist es nur da, um die Hunde zu ärgern
Oder nur um Verwirrung zu stiften
Oder der Ordnung zu spotten
Oder um zu beweisen
Daß es ihn immer noch gibt
Wirklich gibt
Trotz cyber space und cartoon
Und aller malaysischen und deutschen Kinder
Die am joystick reißen und an der mouse cliquen?

Was für ein hübsches Tier
Ist er dem Museum entsprungen
Oder dem Zoo?
Gleichviel – er wird Karriere machen

KINO – DAS WAHRE VERSCHWINDEN DER KONDENSSTREIFEN

Mir ist es gleich, ob's draußen nebelt oder schneit
Wenn dann die Lampen dämmernd glühen
Und mein Langnese sanft die Zähne kühlt

Sonnenfarbene Prärien
Weiß durchfurchte Meere
Tag unter blauem Himmel
Während links das Maulpferd wiehert
(Optik: Linse eins bei Blende 11)

Versetzt in schöne Zeiten
Kein Düsen-Streifen auf dem Kodachrome-Azur
Wie Photokarten aus den 50ger Jahren

Prärie und Sonne
Ich reite jetzt
Nur vorwärts
In den blauen Westen
Keine – Marlboro im Mund

VORSICHT FALLE – LEDERHOSEN

Wenn sie dann wieder einmal so schön da liegen
Die Felder – wie mit dem Kamm geeggt
Und die Wiesen wie mit der Bürste gejähtet
Und das Vieh so draufsteht auf dem Berg
Wie vom Holzschnitzer hingestellt und angeschraubt
Und die Lederhosen-Häuser jodeln in der Sonne

Dann denken wir: Es gibt sie noch – die Landschaft
So schlimm kann alles gar nicht sein
Und wir verzeihen
Beinahe das grenzenlos wachsende Meer von Beton
Und denken dabei nicht
Daß auch diese Landschaft
Dem Zins und dem Zinseszins gehört

Vorsicht!
Nicht daß man euch eine Falle stellt
Paßt auf mit Investitionen
Der Boden ist brüchig!

Kaffee fast wie Banane

Kaffee, du duftest nach Brasiliens Weiten!
Ich werbe gern für dich.
Wer sagt, du förderst alle Schlechtigkeiten,
Der irrt, du Lebenselixier für mich.
Dur regst den Geist an, öffnest starre Adern ...

(»Ob pulverförmig oder ob in Quadern ... »
Ein weiterer Reim verbietet sich
So irgendwas mit »hadern ... »
Das macht man und das schickt sich nich!)

Ich seh in deinem Dampf
Die schokoladebraunen Leiber
Und denke an die »*gute alte Sklavenzeit;*«
Und höre Stimmen, – nah und weit:
»Bleib standhaft, zähme deine Sklaventreiber,
Bleib wie du bist, beförd're nebenbei auch unser Land,
Wir sehn dich ohne Zweifel gern auf der Reklame,
Du schöne schwarze Meid, wir nennen dich auch ›Dame‹
Doch, sei so gut, und wink uns aus der Ferne,
Bleib wo du bist, gib deinen Pflanzern deine Hand,
Uns aber gib Gemütlichkeit!«

Kaffee, du bist fast wie Banane,
Die schönste Frucht aus Übersee,
Wir schlürfen dich mit Schweizer Sahne
Und fühlen tiefstes Ferne-Weh.

Und abends Wetterfernsehen

Da möcht ich dabeisein
Wenn's draußen stürmt und schneit
Hurrikane nur so vor- und rückbewegt
Am Bildschirm mit dem Cursor
Und dann die Sonnenstrände von Hawaii
Einblenden und die Wolkenbänder über Europa
Weggklappen
Auf der elektronischen Tafel

Sonne herrscht
Im Studio
Wahrscheinlich 5000 Watt und mehr
Immer –
Wenn man den Schalter betätigt

Und nie wieder einen Schritt vor die Tür
In unser trostloses Wetter

ZEITUNGSWEISHEIT

Blokade beendet
Flugzeugabsturz
Trümmer entdeckt
Ursache offen
Arbeitslosenzahl gestiegen
Hungerkampagne im Sand verlaufen
Kaum Altenwohnungen
Wetter beständig
Streik abgebrochen
Klares Ja zum status quo

JAHRESRHYTHMUS

Jedes Jahr Asteroide
Jedes Jahr der ganze Sternen-Kreis
Jedes Jahr das Niemals-Gleiche
Doch es klopft uns langsam weich

Jedes Jahr mehr Regenwolken
Jedes Jahr mehr Wüstendürre

Jedes Jahr mehr Zinseszins
Jedes Jahr mehr Strahlenmeiler
Und politisch unverschämte Langeweiler
Arm zu arm und reich zu reich

Positiv

Positiv denken!
Aufhören mit dem Jammern!
Nicht klagen!
Augen zu und nach vorn!
Nicht rückwärts-denken!

Damit können andere ihre Zeit verlieren,

(Ach übrigens, wo ist, bitte, vorn?)

ABSEITS DER LEMMINGE

Abtreten oder besser
Leben

»am Rande des Vulkans«

Querlegen, sich wehren
Klug sein, denken
Möglichkeiten denken

Beobachten
Aufschreiben
Aufheben
Kleinigkeiten
Für spätere Archäologen

Freundschaften pflegen
Dünkel weg
Falsche Bescheidenheit auch

Anders sehen
Andere sehen
Andere anders sehen
Sehen
Momente sehen
Wirk-Liches sehen
Fenster öffnen
Licht atmen
Zukunft erkennen (grauenvoll!)
Aber nicht wegsehen
Nicht in die Tasche lügen
Sich und anderen
Nein nicht die Taschen der Lügner noch voller lügen

Dann doch lieber abtreten
Aber abseits der Markttrommler
Abseits der Gegenwartsbestimmer
Abseits der Verantwortungsträger
(Die niemals etwas verantworten müssen
Außer – vielleicht – ihre letzte Steuerhinterziehung)

Abseits der Lemminge
Mit oder ohne Nadelstreifen
Sie halten sich
Noch im beschleunigten Fall
Für schlau und gerissen
Und meinen, sie hätten
Auf die richtige Aktie gesetzt

Reise in den Süden

SOMMERBILD

Nur der Fall der Schatten auf der Mauer
Und der stete Wind
Fels und Sand, Olivenhaine
Gelb und Braun und mattes Feigengrau

Nur ein Schiff, das weiß die Insel rundet
Violette Bergesferne
Heller Horizont im Blau

SÜDEN

Sagt mir nichts, ich weiß, da ist der Süden
Dort wo der Garten endet
Da sieht man den blauen Baggersee
Und wo die Nachbarn ihre Hecke schneiden
Und wo der Traktor den Klee
Umwendet
Und hinterm Draht die Kühe weiden
Da ist unser lygurischer Hain

Doch im Sommer wird es etwas anders sein
Da kehrn wir kurzerhand in Arkadien ein
Leider ist es noch nicht so weit
Aber die Koffer stehen so gut wie bereit
Und es wird ein kurzer Abschied sein

Und in der Sonne werden wir manchmal denken
An unsre schöne nördliche Flur
An die ernsten Täler und Bäche
An die dauernd verregnete Rasenfläche
Und die Autobahn und ihre silberne Spur
Ja mit Sehnsucht werden wir an zuhause denken nur
Ein bißchen mehr Sonne könnte dort sein

Telegramm

Fort
Alles verlassen
Schleunigst
Nicht den Drang der Stunden
Länger ertragen
Räder falscher Pflicht
Blockieren
In Schwung halten
Sich selbst

Bei Strafe der Mitläuferschaft
Nicht neues Wasser auf
Alte Wasseruhren
Nicht Säumiges und Bemühtes
Ansammeln
Alles vor die Tür kehren und
Ihr den Rücken zu

Computer runtergefahren
Fernseher ausgesteckt
Telephone gekappt

Du bist entbehrlich

Fort – neue Landschaften
Wunderbare Erleichterung

Aufbruch nach Kythera

Wer hat das Taxi so früh bestellt?
Wohin jetzt den Schmuck und die Cards?
Warum nicht schon längst im Tresor und der Bank?
Außerdem: Blumengießen pünktlich vereinbart?
Den intermittierenden Schalter angestellt?

Bitte nichts mehr einpacken.
Bücher? Warum soviel
(20 Kilo, nicht mehr!)
Die Taucherbrille, kaufen wir unten,
Und, bitte: Nicht noch die Bergstiefel,
Es reicht!
Kein Platz mehr, zu endlich die Koffer!

Reifen knirschen im Kies: Da ist er schon!
(Was hab ich gesagt!)

Jedes Jahr diese Hetzte,
Jedes Jahr die armen Katzen!
(Bleiben allein mit der Nachbarin)
Jedes Jahr müssen sie das ertragen.
Und wir?
Wollen wir nicht lieber einfach
Hier bleiben?

Komm aus dem Regen, schließ die Veranda,
Du wirst sonst nicht mehr trocken bis zum Flughafen.

Durch also und aushalten!
Hauptsache nichts vergessen!

Und wenn schon,
Wofür gibt's Telephone. (Also doch handy!)

Auf jetzt,
Er hupt schon!

ANGEKOMMEN

Das Meer – da ist es also vor unseren Füßen
Das Meer das sich an so viel Gestaden bricht
Und sich überall herumtreibt
Von dem soviel geschrieben wird und gedichtet
Und das man ununterbrochen malt und
Photographiert und filmt
Das Meer das nun verschiedene Noten bekommt
Unterschiedlicher Verschmutzung halber

Das Meer das schon Odysses aufrauschen ließ
Unter seinem Kiel wenn es gut stand mit ihm
Und das ihn ausspuckte zerschmettert und zerschlagen
Wenn die Götter es ihm heimzahlen wollten
Und ihre Größe zeigen

Jetzt liegt es zu meinen Füßen
Fünf bis fünfzig Zentimeter entfernt
Je nach Wellenlänge
Ganz zahm

Nur die Plastikbecher am Strand
Künden vom Sturm von vorgestern Nacht

AM STRAND

Der Welle folgen im gleichen Schritt
Nicht stolpern auf dem felsenreichen
Boden vor der Brandung
Den Wind im Ohr
Kaum Achtung auf die Wolken und die Jagd der Möven
Der eigne Schatten fliegt
Und wechselt seine Farben

Bleibt aber Ebenbild
Nur viel geschmeidiger
Zurück und je nach Wendung dann
Vorausgeworfen
Von Ast zu Muschel und von Tang zu Algen
Sprunghaft voran oder zaghaft rückwärts
Weicht vor der Gischt und hüpft von Stein zu Stein
Noch weniger beständig
Als alle Bilder dieser Felsen
Die mit dem Licht bald untergehn

Wieviele Strände noch
Die Sehnsucht nach dem Horizont erregen
Die unersättliche
Wieviele Sommer noch
Wieviel an neuer Gegend

Wie viele Wünsche nach Woanders
Und wie oft wieviele Jahre noch
Wie lange noch im Licht des Tags

Schickes Leben hier

Unter den Pinien
An der Rechtskurve,
Den Hang hinauf,
Zerfleddert
Ein Telephonbuch,
Hellgrün,
Spiralheftung weiß,
Einige Blätter verstreut.

Am nächsten Tag, als es noch daliegt, –
Keine Ahnung warum, –
Halt ich an, sammle es ein,
Trotz der Hitze. _

Am Strand fang ich an zu blättern:
»Meier, Müller, Schulze, Schmidt«?
Nein, Irrtum, sondern:
Prinz und Prinzessin von Savoyen,
Graf v. G. (sic!),
Mick Jagger (ja!),
Professor Coustaud (auch er!),
Hemingway (nicht der, aber die Tochter)
Und, ernsthaft:
Spielberg, Stephen!
Soll ich euch die Nummer verraten?
Oder die vom besten Austernhändler in Brüssel
(Steht auch drin),
Oder die eines bestimmten Juweliers aus Paris?
Unter »N« steht da übrigens:
Nicholson (Jack, Mullholland Drive, Beverly Hills)
Und Niarchos, Philippe (St. Moritz),
(Weiß doch jeder),

Unter »P«: Polanski
(Roman, nur die Telephonnummer, sonst nichts,
Offensichtlich nicht die aus Gstaad).

Nein ich verrate sie nicht, die Nummern,
Und ich sag euch auch nicht,
Was ich unter dem Buchstaben »D«
Gefunden habe,
Ich ruf höchstens selber an, morgen,
Eine nach der andern,
Vielleicht.
Aber, wie ich weiterblättere,
Sehe ich auch: Vereinte Nationen
Und Gerichtshof Den Haag
Schweizer Chemiefirmen,
Auch Pharmazie,
Viele algerische Adressen,
Und eine aus Baku. –

Ist da was schief gelaufen?

Ziemlich feiner Knabe,
Der das aus seinem Range Rover gefeuert hat
In die Pinien,
Mir zu Füßen!

Da wird eine Geschichte draus.
Die könnt ihr aber
Von mir aus
Selber schreiben. – Ich
Bin im Urlaub.

STUNDEN UND TAGE

Der Vormittag wird alt
Die Schatten fallen
Das weite Wasser glänzt
Ein Segel schiebt am Horizont
Das Maß von vorher auf danach
Die Zeit gleicht einer Uhr aus honigfarbner Dauer
In der das feuchte Schwarz den groben Brunnen höhlt
Aus weiß verkantetem Gestein

Die alten Türme leiden einen steifen Nachmittag
Bei halbem Wind – die Zedern seufzen
Und die Echsen in der Sonne fliehen flink
Den Fuß des jungen Bauern
Der bedächtig seine Furchen zählt
Um dann den Wein zu prüfen
Der am alten Haus schon reift

Das Wild ruht tief im Wald
Die Vögel suchen in den Eichen Rast

Die Welt verstummt
Im Lärmen der Zikaden

OLIVENBAUM I

Gespalten
Von der Hitze langer Sommertage
Im quälenden August
Und von der Nachtluft angegriffen
Im Winter bei jähem Frost und seltnem Schnee
Von unzähligen Stürmen ausgepeitscht
Das Haar bis auf den Boden hängend

Fächelt ihm lauer Wind
Jetzt eine Weile

Mit breiten Hüften stehend
Und scheinbar unerbittlich mit der Erde ringend
Gibt er den Lämmern jetzt
Den kargen Schatten den sie suchen

Der Luft selbst nur noch wenig trotzend
Die seinen hohlen Körper kaum mehr trifft
Die Löchern seiner ausgebrochener Äste
Fast wie Augen hingehalten

Durch die die Landschaft herblickt
Unvermutet und verrätselt
Wie nie zuvor gesehen

Das Holz zersplittert und vernarbt
Doch in den grauen Fasern
Scheint wie auf rätselhafte Weise
Saft zu steigen
Die wenigen Äste um die Krone
Hüllt eine weiche Drachenhaut
Und Silberblätter sprießen

Kräftig und drängend
Wie im Mai noch junger Bäume
Um sein Haupt

Noch trägt er Früchte
Und er wird geehrt in seinem Alter
Sein Zauber wird geachtet heißt's
Von Hirten

OLIVENBAUM II – GEGENSTROPHEN

Ein Schalk durchsichtig und gerissen
Der die Äste nach dem Wind dreht
Alter das nicht lassen kann zu kokettieren
In tänzerischer Anmut
Die Hüfte quer gewunden

Durchaus verschmitzt die Löcher
Seiner ausgebrochnen Äste
Als Augen hingehalten
Die dann lachend in die Leere zeigen
Und viel bedeuten wollen mit Auf- und Ausblick
Die Augenbrauen hochgezogen

So scheint er noch der anderen zu spotten
Die mühevoll im Wachstum Raum ergreifen
Wo seine alten Ästen noch gespentisch blühen
Und Früchte tragen anderen zum Hohn

Doch bald holt ihn die Zeit
Plagt ihn die Hitze und das Alter das ihn straft
Sowie die Kälte der Novembertage

Nun weil so lange dem Gesetz
Entgangen er und andern seinen Raum verstellt
Trifft morgen ihn die Axt

NACHTMAHL

»Noch sind sie fest wie beim Raubtier
Die Zähne im Kiefer
Und dieser Arm
Wird noch manches vollbringen«

Denkt er wenn er ein wenig zittrig schon
Messer und Gabel führt unten am Hafen
Während der alte Leuchtturm blinkt
Und sich der Mond im Weinglas wiegt
Und die Sterne schießen über dem trunkenen Helden

LEUCHTTURM VOR DEM HAFEN

Eins und zwei und lange Pause – Dunkel
Fernes Blinken bestätigt dem Rudergänger den Kurs
Die andern schwanken in ihren Kojen
Schlafversessen zum Ziel – so wie der schwarze Mann
An der Reling oder der Koch im Kampf mit der Neigung
Von Töpfen über dem Feuerrand

Wieder die Blitze: Eins und zwei und Dunkel:
Verbriefte Kennung
Wohl gekannt von zähen Witwen
Kaum noch von ihren trunknen Waisen
Die in den hellen Bars
Die trüben Gläser spülen

Denn die alten Klippen ragen
Noch immer – unvermutet nah
Mit ihren schaumumspülten Kiefern
In denen vorerst nur der Wind heult

Mond scheint heute hinter Wolken
Wer weiß wer scheitert

Aufwärts führen im Hafen
Schwarze Treppen
Die im Dunkel enden
Schon bei halbem Licht in rotem Schein –
Hört man das höhnische Gelächter

Ameisen – scheinbarer Unterschied

Rück und vor –
Und wieder rückwärts
Unermüdlich zerrt
Kaum sichtbar

Aber mit grausigen Kiefern
An ihrer Beute
Die federnde
Fremdgestalt

Schleppen nagen zerren sammeln

Für sich? Für alle? Für morgen?
Für viele? Für wen?

Für die unendlich Herde
Die millionenfach tausendjährige
Für das Einerlei der Geschlechter?

Für einen Wahnsinnsgott
Den wir nicht kennen?

Nagen zerren und sammeln
Sammeln sammeln sammeln und
Sammeln!

Ohne Gnade
    ohne Zeit
        ohne Rast

Unter Wasser

Über dem Boden aus gewiegtem Sand
Lichtgitter von oben
Bewegt von den Wellen
In verrätselten Mustern

Auch hier
Freundliche Welten
Fische und Krebse
Atmen und Pflanzen

Aber der Haken
Kommt versteckt
In scheinbar freundschaftlich
Hingeworfenen Bissen
Und so die Harpune
Hingestreckt aus grüßender Hand
Wie sie Gott dem Moses gereicht oder dem Adam
Auf manchen Bildern –

Der Schuß aus der Nähe trifft umso sicherer
Und auch das ausgeworfene Netz schließt sich
Langsam und beinah freundlich
Um den schwärmenden Fisch

Diesen Sommer – Wolkenschatten

Die hellen Felsenriffe im Licht die glasblauen
Wellen unter dem Schaum – vorbei – überall Aschgrau
Nebel von hier bis Ägypten
Regenkatastrophen auf dem Festland
Flugwolken Wolkenflüge Wolkenbänke
Flugdüsen wie eine Milliarde Vulkane
Jeden Tag in der Luft unter dem Hintern
Sonnendurstiger Touristen – wie wir
Diesen Sommer also Lichtlosigkeit überall
Endlose Wolkenbänke
Sintfluten und Wassserstürze
Herrenlose Hunde und Ziegen auf Unratflößen
Campingplätze weggespült in den Pyrenäen
In der Toscana drei Dörfer– weggeschwemmt
Verletzte und Tote, Schweine und Kühe ertrunken
Kleinvieh nicht eingerechnet
Dauerregen aus trostlosem Himmel
Im Tessin eine Schlammflut die bis nach Mailand reicht

»Was tun?« Lenin wußte genau
Warum er fragte denn er dachte noch an Antwort
Und Picasso als er »Guernica« malte
Kannte schon lange den Unamuno auf dem Bild Dalis
Unglücklich über die Blutfurchen seines Landes
Gebeugt und die Stirn zergrübelt doch Hoffnung im Visier
Aber die Brüste des Dalischen Goya-Monsters
Gaben schon damals keine Milch mehr
Nur die reichlich abgesonderten Dollars der Mäzene
(Nebenbei: Ohne deine Kakao-Wünsche zu stillen
Sabbernder Bettlatz,– Salvador »avida«!
Gold im Fluß des Tantalus! Versuch es zu trinken!)

Doch die paranoide Hellsicht der Monster war
Nicht nur eine rückwärts gewandte Warnung
Das war schon der Schatten des Neuen
Wie später der Blumenkohlkopf der Bikinibombe
Wie die endlich gefundene Formel des »Zinseszins«

Was sie bis dahin kannten war
Generäle Landnahme Knechtung Folter Verhör

Die Herrschaft des Geldes Börsen und Kriege
Die Rationalität der Fleischerhaken
Den Sieg der Nullen hinter dem Komma
Und das Alphabet der Abwasser-Ingenieure

Das alles – ja!
Aber die erklärte Humanität der Bomben
Das Klonen der Musen
Das Patentieren der Samen
Die elektronische Prostitution und
Das Schwinden der Sonne
Im Grau der Flugzeugwolken –
Das kannten sie nicht ...

Also: Ein Jahr noch laßt uns leben
Strandgut und Muscheln sammeln
Und dann ab an die Spritze
Es wird dunkel
Die Moloche haben das Land erobert

SOMMER-GAST-KATZE

Schon gehn die Türen mit besondrem Klang
Rastlose Füße
Schweres wird geschleppt
Und Schränke zugeschlagen
Doch ganz wie sonst ein Schälchen Milch
Und einen vollen Napf
Fast so wie immer doch
Sie sprechen anders und sie flüstern
Mit vorgehaltner Hand
Und loben mit erstickter Stimme
Und dann der kalte Blick
Des zugezognen Tors

Die Schritte die jetzt die Treppe abwärts hallen
Hört man sie wieder
Vom Strand zurück
Und dann die Treppen hoch
Und Türen fliegen auf und alle Läden
Es wird gedeckt und Futter ausgetreut
Und dann getafelt und wieder schön
Gebettelt und geschmeichelt
Und lang gekrault
Und gute Bissen immer wieder
Bis daß der Nachmittag ins Haus
Alle Bewohner treibt
Den schattenvollen Schlaf zu suchen
Mich nicht ausgeschlossen –
Doch es bleibt still
Beharrlich schweigt der Kies
Sie kommen nicht –

So gähn ich denn inzwischen
Und rücke wieder eine Pfote weiter
In die Sonne
Die mich noch lange warm bescheint
Räkelnd und blinzelnd hingestreckt

Jetzt muß man schlafen und muß träumen
Und warten bis eine fremde Hand die Schalen füllt
Oder man muß Mäuse fangen
In durchschwärmter Nacht

ABFLUG

So still die Wogen
Und kein Wind zu hören
Nur weiße Flecken
Tief dort unten
Immer ferner

Jetzt werden viele Wellen landwärts ziehen
Unzählige den Fels umspülen
Und ohne uns wird Sonne sein
Und Muschelkalk am Strand zerreiben

Und oben dann im steilgebauten Haus
Wechseln die Schatten wie vordem
Und in den Nischen rasten
Von stummer Jagd
Reglos und grau
Die Gekkos
Eins mit ihrer Mauer

Die Nachbarkatzen haben einen neuen Tisch gefunden
Ein Weinrest sickert tiefer in den Boden
In der Zisterne tönt verschlafen noch ein Tropfen
Ein Vorhang rauscht im Wind
Ein Fensterladen knarrt
Den man vergessen

Warum so schnell vorüber
War's denn nicht gut sein – eine Weile

Daheim

Wieder daheim!
Die Türen auf,
Die Koffer in die Ecke!
Spinnweben fort.

Auf die Veranda, auf!
Der Garten? Völlig verwildert.
In den Bäumen die Vögel zetern,
Die Katzen!
Kommen zur Begrüßung.
(Gutgfüttert, Gott sei Dank und dem Nachbarn)

Ein Blick zum Himmel:
Wenig Wolken!
(Endlich doch ein schöner Herbst?)

Ein Blick auf Post und Zeitung:
Blaue Briefe! Viele!

(Das kann heiter werden!
Von wegen: träumende Erinnerung.)

Keine Sorge

Keine Sorge: Die Sorge kommt schon wieder
  – Und die Prosa!

Der Anrufbeantworter hat sich schon verschluckt
  – Zu voll!

Die Termine hageln nur so herein!
  – Wie draußen das Herbstgewitter.

Bald wieder Dauerregen und Einheitsgrau.

Also: Keine Sorge,
  – Daß es uns zu gut geht!

Und dann: Habt ihr mal die Zeitung aufgeschlagen,
  – Ich meine, nach ein paar Wochen Enthaltsamkeit?

Ja? Wer das verdaut,
  – Der hat ihn, den »Saumagen«.

Wir nicht!

ICH WERD NICHT FROH
(Brief eines alternden Freundes)

Kommt bald!
Es ist halt so,
Ich werd nicht froh!
Es ist halt weil,
Ich bin in Eil,
Weil schon sehr alt
Und ungeduldig auf den neuen Sachverhalt.

Es scheint mir so,
Als wärn wir irgendwo,
Wo die Geschichte
In falscher Richtung weitergeht,
Und mehr als in der Zeit
Wo wir seit 16 Jahren
In Scharen
Falsch gewählt
Haben
In Schwaben
Und auch anderswo ...

Vielleicht ists wieder so

Nein, das darf es nicht,
Geht jetzt verdammt noch mal zur Wahl,
Tut endlich eure Pflicht!

BESTÄNDIG IM WANDEL

Wenn im Norden lichtlos und zerregnet
Sich der Weg im Dunst verliert
Wie scheint uns dann der Süden schön
Und wenn im Süden wie von Fieberglut
Die Straßen flirren
Und der Horizont im Staub versinkt
Wie schön dünkt uns der Norden
Wie angenehm die Bergeskühle
Wie frisch der Bach im Schatten

Glück also nur im Gegenteil der Wünsche?
Kaum denn Sonne Licht und Freiheit
Schätzen wir zu jeder Stunde

Laßt euch also nichts verreden
Beständig wünschen auch im Wandel

III. Zwischen den Zeiten

Charakteristiken

Auf ein taubes Mädchen

Trifft dich kein Schall
Wo alles sich so hörbar regt?
Du wärst in diesen Sphären nicht zuhaus
Wo Stürme toben wechselhaft mit leisem Blätterfallen
Du gingst dort unberührt nur ein und aus
Und kenntest nicht die Grotten der Musik
Die weiten purpurfarbnen Orgelhallen
Die Pärke aus verschlungenen Tönen
Das Wasserspiel aus Echo, Antwort und
Verwandelnder Replik
Und wärest heimisch nur in stummen Welten?

Ich seh dein weises Kinderlächeln, nahezu vergnügt
Und fühl mich mitleidsvoll gerügt
Der Genius scheint sehr wohl zu wissen
Wie er dem vorbestimmten Los genügt
Und welche Gegengaben er verfügt:
Du siehst mit wacher Stirn
Sogleich den Kern von allen Dingen

Und auch: Wer weiß
Wofür der Genius diese Stille braucht
Was seinem innern Ohr erspart geblieben
Unschätzbar hohe Burg der Ruhe
Du sitzt mit weitem Haar auf ihren Zinnen
Und weißt, allein mit deinem Blick
Die Herzen zu gewinnen

Ich wünscht es wäre so
Und – könnte dieses Bild zur Wirklichkeit gerinnen

AUF EINE GROSSE SCHAUSPIELERIN

War es nicht wohl sein
Morgendlich am See
In wunderbare Kaffeeschalen
Die Hörnchen einzutunken
Und später dann ein würdig schlankes Mal
Beim Plaudern einzunehmen
Und viel Gedanken über Kunst und Welt
Zu wechseln, liebe Tante?

Ja und dein großer Hut!
Achtunggebietend allen
Bis zum Präsidenten
In tiefbeglückte Paladine
Wandelnd die Verehrer ...
Und deine Donnerstimme des Tadels
Wenn sie nicht entsprachen dem eignen Bild
Die Menschen deiner Heimat!
Aufrecht und grad
Und frei und wehrhaft
Ohne Hochmut edel.

Und gar, wenn Fremde sich
Am hohen Bürgerstolz vergriffen!
Unzüchtigem Standesdenken
Mongolisch flachbesiedelter Regionen
Nutzlose Geltung heischend
Mit »Graf« und »Gräfin« schmeichelnd
Versuchten in dein Heimatland

Ihr abgetragnes Vornehmsein zu pflanzen
»Prinz« und »Prinzessin« untertänigst
Zu hofieren wagten, mit tiefem Diener:
»Küß die Hand, gnä' Frau!«

Hier war der falsche Ort
Für derart Überkommenes
Doch ganz umsonst:
Sie scheiterten
Am Hochgebirge deiner
Demokratischen Gedanken

Doch nicht an deiner Höflichkeit
Ganz eine Fürstin deines Volks.

ZÜRICHER GROSS-MÜNSTER

Wenn auf den Turm ich steige
Verehrung im Herzen
Und in der Tasche
Kellers Gedicht
So fehlt nicht ein Sacktuch zur Hand.

Fragt ihr: Zum Winken oder zum Schneuzen?
Wer wagt es zu sagen
Urteilt doch selbst
Seht euch nur um!

So liebt' ich mir die Ahnen
Für einen Freund aus Z.

Ein Grund auf alten Felsen
In der Burg
Stadtväter dann
Und anverwandelnd, nicht verachtend
Handwerkerfleiß und gutbebaute
Erde des Landmanns;

Kriegsherrn immer wieder
In harten Zeiten
Doch blühender im Frieden
Mit hohen Ämtern
Manchem gestattend
Sich müßig auszuruhn;

Und so
Durch Kunst und Wissenschaft
Entzogen dem Profanen
In einigen
Noch höher steigend

Doch auch dem alten Felsenhirten treu
Und Einfachem verschwistert immer wieder;

Stolz ohne Dünkel
Hoch und Tief und Wachstum
Aus der Erde kennend

Abends dem Süden zugewandt
Nach einem heitern Tag
Vor alter Ahnen-Tafeln kargem Ernst –
Den man belächeln kann.

Das also wäre
Eine Mischung
Wie überm See

Der Wein
Über den hinaus
Für manche Kenner
Es nichts Trefflicheres gibt.

WEIMAR AM TELEPHON

»Hier Weimar«, hör ich,
So, als wär nichts gewesen!
Wirklich, die Leute sind nett und bemüht,
Ganz freundlicher Alltag.
Und dieser leichte Akzent!
Als hätte Christiane gesprochen,
Und Goethe? Hat er nicht auch
So eigentümlich weich
Frankfurtisch-Thüringsch gereimt?

Ich frage nach einem Hotel
Und male mir aus, wie ich zum Frauenplan wandere,
Endlich! »Hier Weimar«!
So als wär nichts gewesen:
Freigegeben zu erwünschtem Besuch.

Und ich denke an Jorge Semprun,
Und ich denke,
Nun sitzen sie wieder in der Falle;
Und müssen das Freiheit nennen,
Was man ihnen jetzt andreht.
Machen sich eifrig zum Markt
Und zur Festspielwiese,
Klonen Goethes Gartenhaus,
Verfilmen die Vulpius,
Entstauben den Wieland,

Werben für klassische Thüringer Wurst
Und verkaufen noch die Steine von Buchenwald
Auf der postcard.

Ja, sie werben ununterbrochen für Verständnis,
Das keiner hat
Vor dem Ungeheuren,
Haben kann.

Was ist bloß los mit diesem Ort!
Zuviel Schicksal,
Nur dem Verstand zu entwirren,
Kaum dem Herzen.

Aber die Stimme kommt wieder,
Einfach und freundlich und nett und bemüht,
Und man reserviert mir ein Bett und ein Zimmer,
Und ich denke:
Hoffentlich bleibt ihr so!
Hoffentlich kriegt euch diesmal
Keiner mehr unter!

Begräbnis am Starnberger See

Wenn edler Worte reimend dich aufs Mal verdrießten
Wie lauter Plundertaschen dir den Gaumen übersüßten

Wenn Sahneberge dir den Appetit verdarben
Gezierte Ober in Verehrung starben
Und »Sacher hier« und »Sacher dort«
Man Diener hörte rufen

War stets dein Wort:
»Laß uns hinab die wenigen Stufen
Und dort am Zelt unter den Linden
Uns schlicht ein Bier genießen
Da sind wir endlich wieder frei
Wir werden schnell Erholung finden
Und keineswegs vor Langeweile sterben
Bei gut gesalzenen Brezen und Radieschen.

Laß andre rätseln, wer die schönste Dame sei
Wir halten uns an unser gutes Lieschen
Wir geben ihr den ersten Preis
Und weihen ihr von nun an unsre Lieder.

Gebrochen ist das Sahne-Eis
Das Leben hat uns wieder!
Prost also denn– so sei es.«

Du warst ein lieber Freund
Baron in Lederhosen
Beweint
Haben wir dich herzhaft
Vor dem Beet auf Rosen
Du weißt wie es gemeint
Und gönnst uns diesen Trunk
Der uns vereint.

VIRTUOSE

Ja, kling noch einmal, letzte Saite
Und triff den hohen goldnen Sonnenstrahl
Zusammendränge dich, oh Ton
In äußerst konzentrierte Enge
Und fließe dann davon
Und: Weine dann und ströme fort ins Weite
Und grolle noch ein wenig in die Menge
Und: Spieß die Bürger auf
Ja, wie ein stößger Eber rase durch den Saal!
Und wirf sie um zuhauf!

Die Mädchen liegen dir zu Füßen
Die Damen lassen keusche Tränen fließen
Die Herren sind ganz hin vor schöner Qual.

Philister – Früher

Früher gehörten die Äpfel mir nicht
Auch die Birnen
Fielen von Bäumen der anderen
Die Fenster am Abend
Waren eher der Gönner Eigentum
Wie die Zimmer im Licht
Verwahrt hinter hohem Hag
Aus Buchs überragt von Holunder
Vor schöngerundeter Linde.

Heute glänzt mir ein Park
Und die Pfauen schlagen ihr Rad
Auf metrisch geordneten Wegen
Kostbare Früchte schmücken den Herbst
Auch Wein senkt sich reichlich vorm Fenster
Gäste und Feste
Beleben das Haus.

Was schnürt den Hals nur
Was macht die Stunden so bang
Wo bleibt sie, die schöne Kargheit der Frühe?

– Du hast wohl alles verraten
Philister!

DIE TIERE

Sie horten nicht
Mehr als im Herbst davonzutragen
Sie töten nur die Beute ihrer Zähne
Und stillen ihren Hunger
Und sind nicht freundlich falsch
Sie knechten ihresgleichen nicht
Geschweige, daß für Gold sie alles Leben opferten;
Und auch: Sie foltern nicht, um zu erpressen.

Von Liebe und ähnlichen Erscheinungen

Versäumte Augenblicke (Macht ja nichts!)

Das war ziemlich blöd von mir
– oder von dir
Du hättest ja auch sehen können
Oder ahnen
– oder ich
Ganz bestimmt aber fühlen
– ja
Daß es mir so ganz nebenbei ernst war
Und daß ich mich wirklich getraut hätte wenn
Du dich auch nur ein bißchen getraut hättest

Aber macht ja nichts
Vielleicht ein nächstes Mal
– Gibt's das überhaupt?

Vorlesung für's Leben

Er sprach und und redete und sprach
Und traktiert das Katheder wie mit dem Taktstock
Und es dauert nicht lang
Und wir hatten den Faden verloren:
»Nikomachische Ethik«!

»Ziemliche Hitze heute« –
»Mensafraß so wie immer« –
»Macht faul« –
»Was hilft
Ist ein Mittagschlaf« –
»So?« –
»Ich meine: Zu zweit. Kommen Sie mit?« –

Sagt meine schöne Nachbarin
Und klappt das Kollegheft im Aufstehn zu
Ich – ohne Antwort mit rotem Kopf – rühre mich nicht
Von der Stelle
Dann ist sie fort
Und ich? – Ich bin ich sitzen geblieben – heftekritzelnd!

»Nikomachische Ethik« –
Das schmerzt bis ins hohe Alter

WARUM NICHT GLEICH

Wir liebten uns nicht
Wie sich herausstellte
Aber wir vertrieben uns prächtig die Zeit
– Das kann ich versichern

Als sie den Rock anzog
Dachte ich so zwischen Hemd und Hose
Was bist du für ein verklemmter Knabe!
– Hättest du alles schon früher haben können

Und fing an, eine Zigarette zu rauchen
– Es blieb nicht die letzte in meinem Leben

PREMIER AMOUR
Wiedergefundene Zeilen aus der Schulzeit

»Premier amour, premier amour« –
Da kommen plötzlich die alten Gedanken
Was war es doch für eine Zeit
Als wir aus der Schale der Unersättlichkeit
Zum ersten, zum besten Mal tranken?

Wir waren zu zweit (oder vielleicht auch zu dritt?)
Wer hatte schon etwas dagegen
Draußen verhallte ein fremder Schritt
Und am Bootshaus strömte der Regen

Und heute, »premier amour«?
Vergessen, verscherzt und vergeben?
Oder hörst du am Seeufer noch
Die Rohre im Nachtwind beben

Und hörst, wie damals, wild
Den Draht in den Masten singen
Und dämmert dir etwa das alte Bild
Und siehst du im Schilf eine frische Spur
Und denkst dabei ständig nur
Und denkst es wieder und immer noch:
»Premier amour, premier amour ... premier amour«

Es war vielleicht doch
Eins von den unvergeßlichen Dingen

Liebesnacht – stürmisch

Urgebirge
Aus dem Nebel geschnellt
Vulkanischer Boden
Der allem Berechneten hohnlacht

Dahin der Friede blauer Hügel
Vermeintlich gekühlten Gesteins
Plötzlich alles Bewegung
Und unten am See
Über die Wellenberge im jagenden Föhn
Jauchzen Harpyienchöre
Und das Wiehern der Stuten im Wind
Der das Ohr mit Gischtkaskaden betäubt
Und auch den Sturmvogel drückt
Auf die siedende Brandung

Du bändigst das flatternde Segel kaum
Mit dem leichten Gewicht deines Körpers
In orkanberauschtem Getöse

Und tanzt mit dem Tier gewordene Schiff in der Gischt
Ein stampfendes Floß der Medusa
Eins mit der Welle

Ohne Hunger und Sehnsucht nach Land
Und schwerelos wie eine Feder
Keine Gedanken an rettende
Ufer und Einkehr am Hafen

Der Föhn zerwült
Die von Wogen durchpeitschte Nacht
Wo der Verstand über Bord geht
Und alle Geräte der Messung

Doch dann erwachst du
Plötzlich hoch oben im Turm
Am flackernden Feuer

Und wiegst dich im Rhythmus der Wellen
Mit ihr

Was für ein Wort

Was, Liebe?
Grauenvolles Schlachtfeld
Arg zersägter Leichen
Mit ihrem Traum
Von schönem Schein
Marter der Hoffnung
Sandbank der Gescheiterten
Kalvarienberg du aller Wünsche
Was hast du nicht versprochen

Bleib mir fern!

ARKADIEN IN DER KUR

Auch ich war in Arkadien
Und trank des Nektars Süße
Auch ich ging heimlich nackert badien
Und netzte meine Füße
Im Tau, im Tau, im Tau

Auch ich war im heiligen Hain
Und sah in versunkene Ruinen
Dort hinten am Bach ein blasses Bild

Doch die schwellenden Glieder erkannt ich genau
Und fühlte mich frei und wild
Und ich ahnte und ich wußte genau
Du hast mir für immer die Seele erfüllt
Mit deinem schwarzdreieckigen Schild
Und deinem herrlich fülligen Bau
Du ewig lächelnde Venusfrau!

Doch sag mir: wann hast du die Sehnsucht je gestillt?
Wann warst du mir wirklich gewillt?
Wann hast du mir je einen Becher mit Whisky gefüllt
Mit mir einen lockeren Joint geraucht
Mein Badehandtuch wie eine Toga drapiert
Und bist mit mir in die Tiefe getaucht
Hast meine alten Wunden massiert

Und warst du die einzig immer bereite Frau?

Ich weiß es und weiß es nicht mehr genau ...
Die Erinnerung geht durch die Füße
Im Tau, im Tau, im Tau ...

VIELLEICHT

Vielleicht: Viel leicht?
Vielleicht: Auch schwer?
Vielleicht! Oh leicht wirds kaum,
Das hast du schon erreicht,
Will hoffen, daß es doch am Ende weiter reicht,
Daß du vielleicht,
Auch denkst an mich,
Vielleicht auch mehr ...
Vielleicht.

Abschied von einer Freundin

Ein wenig Süden noch
Und noch Florenz im Haar
Die blaue Luft
Die Frühe leerer Plätze
Und Sonne wilder Kindertage
Ein Strohhut, der im Netz verschwindet
Am Fenster noch
Ein kleiner Gruß

Die Pfeife gellt
Der Zug fährt ab und taucht in Pinienschatten
Und an der nächsten Biegung schon
Ist er vorüber

Vorbei – vorbei
Dem Norden zu

Alte Spiele
Vor 1900 um 1900 und noch lange danach

Wieder neue Liebesfrohn
Wieder alte Hörigkeiten
Wieder: Warten/Schluchzen/Jammern
(Wie ein Dutzend mondverzückter Ammern)
Wieder Knechtschaft ohne Lohn!

Wieder nur aus lauter Kummer
Sich zurückziehn (wie ein kranker Hummer)
Oder Sturz in aufgeregte Zeiten:
Flirten/Küssen/Streiten –
Ungeahnte Seligkeiten!
(Oder unverdienter Hohn)

Als Spiel, vielleicht, mag's Spaß bereiten,
Als Ernst ist es zu abgedroschen
Keiner gibt mehr einen Pfennig, einen Groschen
Für dergleichen Albernheiten!

– Doch ohne sie will uns kein Glück begleiten
Ist uns das Leben ganz und gar erloschen.

LIED DES FÜSILIERS
Objet trouvé in der Schrift des 18. Jhs.

Eine kleine Meile bist Du fort von mir
Doch mir ist's wie tausend Meilen
Bin im Dienst als Füsilier
Muß die Nacht im Wachhaus weilen

Ach wer könnte Dir
Einen lieben Gruß ertheilen
Wer nur könnte das Revier
Wer die Welt im Flug durcheilen.

Mit dem treuen Boten send ich Dir
Darum diese Zeilen
Gib ihm Brot und Schnaps und Bier
Doch soll er zurück sich eilen.

Einen Wiedergruß von Dir
Bring er sonder Weilen
Denn Du weißt es, Liebste mir
Keine Gedanken ist mehr frei
Außer denn es sei
Immer nur zu Dir
Dir nur zu zueilen.

BALKON
Auf H.H., nach der Melodie »wir standen auf einem Balkone«

»Sie standen auf einem Balkone
Im Rücken ein lärmendes Fest
Und blickten hinab in die Gassen
Vergaßen den Welten-Rest

Das Quietschen und Schleifen und Lachen
Die Hitze, der Ball und Musik
Das Jubeln und Böllerkrachen
Schien ferne Neujahrsreplik

Sie hatten vieles gesprochen
Über Oper und Dichtung und Malerei
Doch was ich dir sagen wollte
War nicht dabei

Wir standen auf diesem schmalen Balkone
Fast aneinandergelehnt
Und doch will mir immer noch scheinen
Wir hatten uns beide weit fortgesehnt

Dann trieb uns zurück aus der Ferne
Ins tobende Neujahrsfest«

(Ja, mein Lieber, so ist das – du Trottel)

»Der Wind mit seiner Kühle
Der die Zweige heftig bewegt
Und ich, ach ich hätte so gerne
Den Arm um dich gelegt«

Balladeskes

Weltuntergang

Am Ende überlebte
    Nur ein kleines Erdferkel
Es roch sehr schlecht
    Doch das war das Mindeste
Die anderen waren schon verwest

BALLADE VOM NEUANFANG

Und in der dritten Woche
Hob die Sonne wieder an zu scheinen
Das nicht ertrunkne
Vieh verstummte plötzlich
Die Menschen mußten sich die Augen reiben und
Schleunigst wieder schließen
Denn so blendete der Tag
Und dann

Von einer Telegraphenstange bis zur übernächsten
Von Ast zu Ast von Felsenspitze bis zu Hochalmgiebel
Ging nur ein großes Raunen

Die grüne Flut bedeckte
Das Hochhaus und die Vorstadt
Auch die Burg und das Gefängnis
Versunken die Paläste
Die Finanzimperien dieser Welt
Und ihre Konten ausgelöscht
Verschwunden alle Meiler
Lagerhallen Schrottpressen und
Verbrennungsöfen

Nur Finken schlugen und
Buckelwale pusteten am Strand
Vor einem Dachs
Der galoppierend sich ins Trockene brachte
(Schlechte Statik in der Brandung) ...

So lieb ich mir den Tag
Fast etwas südlich
Die Arbeit schon getan
Friedlich der Rest des Lebens
Und hoffnungsvoll –
Die größere Hälfte liegt noch vor uns ...

LIED DES AERONAUTEN

Dann wieder war ich
      ein andrer

Ohne Klagen
      und fraglos mit Flug begabt

Nur durch den Drall
      der schnupftabakenen Hände

Regierten sich
      Höhen und Tiefen

Jeder Schatten
      beim Überfliegen der Gründe

Rief schönere Landschaft
      ins Licht

Und dunkelumsäumte Teiche
      spiegelten weiß die Glieder

Schöner Nymphen im Bad

Ihr Vater, der mächtige Sultan
      verbeugte sich freundlich

Vor seinem Zelt
      mit der Bitte um Einkehr von unten winkend

Und viele Burgen ließen die Fahnen
      flattern im Wind

Des Niedersinkens und Steigens
    war so keine Ende

Doch weiter trieb uns der Wind
    ranke Luftschiffe

Kreuzten wie von fern unser Glas
    und winkten mit spitzen Segeln

Und der Wein netzte uns
    feurig den Wams und die Kehle

So also wurde uns plötzlich warm ums Herz
    da wir schon zum Sterben voll Überdruß

Und ledig der Freude uns zu lösen gedachten
    in flüchtigem Äther

Wie ein Gefieder in Luft
    oder ein Stäubchen in Sonne

Oder ein Hirsch im tödlichen Absprung
    über dem Fels

Odysseus und Telemach
Freie Übersetzung einer alten Textvariante

Jetzt ist es Zeit, die Siebenmeilenschuhe zu tauschen
Und die Sandalen Merkurs an den sehnigen Fuß
Zu schnüren – die Flügel dicht hinter den Fersen
Unter den ehernen Schienen des Mars:
Mit wallendem Mantel die Treppe hinab
Ein übermütig erhobenes Glas, dem Zecher entwunden
Selber geleert und in die Menge geworfen
Über die Brüstung, das auf den Stufen zerschellt
Als leuchtendes Meer von sprühenden Diamanten
Die der Sonne rächende Einkehr bereiten
In dieses allzulang düster lärmende Haus

Denn die Zeit der Vergeltung beginnt
Die fröhliche, der die Pfeile der Zukunft gehören
Mit ihrem bunten Gefieder den Flug verdoppelnd
Nach der Durchkreisung zwölfmal entstielter Äxte
Das helle Schaftholz hinter der schneidenden Spitze
Ins Herz zu treiben den brünstigen Freiern
Ihr Lachen beendend.
Wie vergeht ihnen da
Das verschwendende Knechten
Von Haus und Garten und Feld und Hof
Und Säugling und Vieh
Und Magd und Diener und Amme
Wie wenig mögen sie nun
Lärmend ihr Wesen behaupten

Wie stürzen sie da ohne Würde
Verwandelt in starrende Haufen
Häßlichen Elends

Recht dem entrechteten Sohn jetzt
Dem hoffärtig betrogenen
Recht allen entrechteten Kindern

Dieser Heimat versprechenden Erde
Entmachtet durch frech
Überlistende Herrschaft
Gedemütigt von höhnender Prunksucht
Reich gewordener Zinsherrn
Königswürde ertrotzend
Sich stützend auf fremder Ruderer Arm
Und rohe Gewalt gedungener Schergen

Doch die Knechtschaft versagt nun
Da schmählich sie stürzen
Mit ihrer geliehene Macht ...
...

Doch nach dem Sieg laßt den Erben ein Gastmahl bereiten
Für alle
An der festlichen Tafel fehl keiner

Die alte Amme nicht und der treffliche Sauhirt
Und der Hauswirt winkt freundlich
Dem Fremden am Tor

Mythisches Treiben / Wolkenjagd 1

Der Wasserdampf zu Wolken aufgereiht:
Barocke Reiter, schwere Damen
Najaden und Tritonen fluchtbereit
Mythisches Treiben ganz im Stil der Flamen

Leukippos ringt erneut die Hände
Die Töchter werden ihm zum wiederholten Mal geraubt
Sie lachen zwinkernd im Vorrüberziehen
Und tauchen ein in weiße Wolkenwände

Dort galoppiert ein Schlachttrompeter nach den Höhen
Da sieht man große Busen auf und niedergehen
Hier hebt eine wachsender Zyklop sein Haupt
Dort kämpft ein halbgeratner Kürassier
Mit einer Herde Nymphen, die entfliehen
Gefolgt von einem doppeldeutigen Fabeltier
Was es betreibt, scheint beinah unerlaubt
Doch schon ist es dabei, sich zu entziehen

Kurzum: Ein Wallen, Bilden, Brodeln, Mischen ohne Ende
Die Götterschlacht nimmt ihren Lauf
Und das Barockgewitter wechselt die Gelände
Jetzt fällt es leicht nach Süden ab
Die Kämpfer sinken in ein nasses Grab
Die Sonne zieht den Regenbogen auf –
Der Landmann reibt zufrieden sich die Hände
Der Reiter steigt aufs Pferd

Wärs Möglich? Löste sich so jeder Donner theatralisch auf
Und ginge jede Schlacht so unbeschwert zu Ende
Und nähme alles einen heiteren Verlauf?
Und wär am Ende nicht der Rede wert
Wie manche vielberufne Wende

WOLKENJAGD 2

Die fahlen Nebelfetzen jagen an den blauen Rand
Der schwarzen Dampfgebirge aufgetürmt am Himmel

Die Zeichen stehn auf Sturm
Im Dorf hört man verworrenes Gebimmel
Und dort im Wolkenchaos riesengroß
Hebt sich ein weißer Lümmel
Und schiebt sich dreist in einen nächtigen Schoß
Doch jugendliche Wolkenwöchnerinnen
Erobern das Getümmel
Und er zerstiebt und flieht und flattert flach
Im aufgerissenen Gewimmel

Ein Donner folgt dem violetten Blitz
Und wettert in der Ferne lange nach
Der Regen prasselt auf den spitzen Sand
Tönt jäh verebbend hohl wird lau und rieselt schwach
Und silbert grüne Wiesen
Und ringumher erscheint im blauen Licht
Das frei die offnen Himmelsschleusen gießen
Fast wie gereinigt neues weites Land

Vorahnung der Alpen –
Der letzte Bauer von K.
entzieht sich den neuen Zinsherren

Schon welkt das letzte Gras
Schon riecht der Berg nach Schnee
– Man hört es ›trommeln in der Nacht‹ ...

Schon fliegt der Habicht aus auf Raub
Schon fault es sonderbar im Moos
Schon stellt sich Pfaff und Schreiber taub
Schon wirst du heimlich um dein Vieh gebracht.
– Sie trommeln in der Ferne ...

Schon wirft der Ahorn gelbes Laub –
Die Kälte kommt – wen trifft das Los?
Wen oder was hat jeder schon verpfändet?
Wer seinen letzten Schatz versenkt in der Zisterne?

Von Pflicht und Diensten hört man
Sprechen sie jetzt gerne
Und wie die ungebundne Freiheit sich nun wendet –
Doch was man will, ist Knechtschaft, man will Zins
Und bald auch Frohndienst, der nicht endet
Und ganz gewiß sollst du den Gürtel enger schnallen!
– Bald sieht man, wett ich, herrenlose Hunde
In den Gassen
Und Bettlerlieder hört man an en Ecken lallen

Doch die, die Gesetze machen lassen
Die sitzen in der warmen Stub
Und triumphieren des Gewinns
Sie leeren Becher Hub um Hub
Und bringen dich dabei um Land und Haus
Sie nehmen alles in die gierigen Hände
Und Volk und Wähler lachen sie
mit vorgehaltenen Händen aus
– Wer hören kann, hörts allerdings von Weitem schallen

Doch ich, ich weiß im Fels ein stilles Haus
Und Freunde in den Bergen
Weiß eine Büchse mir im Schrank
Und einen Fluchtweg vor den Schergen

Ich kenn der Herren Dank
Sie trommeln in der Fern und rücken stetig näher
Bald sind die guten Worte aus
Dann ziehen sie zuhauf durchs Tal
– Und lassen die Geschütze knallen

Sie sollen ihren Frondienst sehen!
Bald gilt es frei vielleicht ein letztes Mal
Hoch auf dem Berg im Pulverdampf zu stehen
– Oder es gilt – frei zu fallen.

Vielleicht auch lassen wir vom Berg herab
Ganz einfach Mist auf ihre Köpfe regnen
Da wäre endlich Mist bei Mist –
Und wär somit wies wohl am besten ist
– Der Herrgott soll uns segnen!

KÖNIG IM HERBST

Im Herbst geht meine Sonne auf
Da will ich mich vergnügen
Da nehmen unsre Sterne freien Lauf
Uns kann kein falsches Glück mehr trügen

Im Frühjahr blieb mein Glücksstern stumm:
Verrat und Kerker, schmähliches Enterben
Mein Fürstentum geraubt
Mißachtet meine Treue –

Doch jetzt kehrt sich das Schicksal um
Man bringt mir meiner Feinde abgeschlagnes Haupt
Und überbietet sich in Reue –
Und die Verräterscharen jammern im Verderben

Ich aber will ein milder König sein
Vergebe meinen Feinden, meinen Erben
Setz ihre Köpfe wieder ein
Soll keiner unterm Richtbeil sterben

Vielleicht verbiet ich diesen Herbst den Trödelmarkt
Doch sicher nicht das Jagen
Und sicher nicht den Wein!
Und eins: Von diesem Herbst an sollst
Für immer du an meiner Seite sein –
Man schenke nun die Becher ein
Und keiner soll ein schnödes Wort mehr wagen

DER WESIR DES KÖNIGS VOR DEM URTEIL DES VOLKS

WESIR:
War ich ein Held nicht, kein Herrscher
Saß ich doch oben im Licht
Auf dem Balkon der fürstlichen Reiter
Mit verklärtem und zugewandtem Gesicht
Reckte mein Glas zum Gruß in die Ferne
Sah der Bajaderen festliche Körper
Sah die Asche im Zweifel des Mimen
Und der Könige Grauen
Vor dem letzten Gericht

Konnte mich selbst nicht verleiten
In die Arena zu springen
Ein Pfau unter Pfauen –
Sah meinen Teil eher im Gegen-Rat

Und so vergingen Jahre in stetigem Streiten
Kaum seitwärts und vorwärts zu spähen
Schien uns erlaubt
Wenigen glückt die Wagetat
Wenigen glückte steiler Verrat

Am wenigsten glückte versunkenes Schauen:
Will man die Gunst der Stunde bereiten
Und dem Anschlag der Feinde entgehen
Kann man nur fallen oder im Harnisch stehen –
Und ist der höheren Muße beraubt

Doch hätte nicht mancher heimlich für sich
Die Liebe erwählt, und den Tanz und die Cymbel
Um zu errichten den wahren Altar seiner Pflicht?
So auch mir, um zu trotzen der Fürstengunst
Hat es an nächtlicher Übung nur selten gefehlt
Auch beschloß ich, zumindest den eigenen Harem
Kunstreich zu bauen. Aber auch hier war

Nur Halbes getan: Schmerzlicher Irrtum verwüstete
Kostbar gezüchtete Gärten ...
Blüten und Dornen?– An beiden fehlte es nicht

VOLK:

Fahr fort, du stehst vor Gericht!

WESIR:

Was wäre sonst noch zu sagen?
Außer ich hätte die Welt buchstabiert
Ich hätte zwei Berge erhöht und
Dabei fünf andere abgetragen
Ich hätte den Palast und die Stadt renoviert
Und ich hätte die großen Bücher gelesen
Und manche Jahre leidlich die Cymbel traktiert
Und wäre im Ganzen ein milder Verwalter gewesen?

VOLK:

Heute stehst du uns vor Gericht
Vorm Volks bist du schuldig
Entgehst du uns nicht!

Warst nie einer von uns gewesen!
Hast nur immer die eigenen Lesart gelesen
Kopf ab, wir kennen dich nicht!
Wir waren zu lange geduldig
Doch heute entgehst du uns nicht

WESIR:

Sprecht ihr die Wahrheit, Freunde,
Kennt ihr mich wirklich nicht?
War es nicht doch meine Pflicht
Eher wägend zu schauen
Und zu wehren dem lähmende Grauen
Kein Urteil zu fällen dem armen gestrauchelten Wicht
Aber den fürstlichen Schurken vor allen zu strafen?

VOLK:

Kopf ab! Das hilft dir jetzt nicht!
Du hast die Gesetze mißachtet, dich der Regel enthoben
Und spottest noch immer der frommen Pflicht

WESIR:

Muß eines für alle gelten
Ist denn der Weise zu schelten
Der wie aus anderen Welten
Die Wahrheit rückhaltlos spricht?

VOLK:

Spring selbst ins Gewühl oder tanze du nicht
Du verschwendest die Worte, wir kennen dich nicht!

WESIR:

Und war es nicht auch der Kalifen Art
In vielen Masken zu wirken
Und nach der Wahrheit forschend
Durch alle Gassen und Winkel zu zirken
Der Kupplerin und dem Bettler zu leihen sein Ohr
Wie der Bajadere, die unverhohlene Wahrheit sagt
Dem Wittwer im Trauerflor
Und dem Knecht, der über den Frondienst klagt
Und dem Handelsmann, der über Steuern schilt
Und dem Verliebten, dem das Herz überquillt?
Dem Alten, dem die Gicht das Leben vergällt
Dem Geizhals, dem immer die Liebe gefehlt
Ja auch dem tausendfach geplagten Tier
Das ihr täglich in bösem Frevel schindet und quält?

VOLK:

Kopf ab, wir kennen dich nicht!
Du warst bei allem nie einer von uns gewesen
Und wenns dir's nicht mundet, so klage du morgen
Vor einem andern Gericht
Doch heute entgehst du uns nicht

WESIR:
Unabwendbares, so scheint es, habt ihr beschlossen,
Weil ihr die Wendbaren seid und lebt
Von Gerüchten geschwängerter Lüge
Euch sind die andern immer den Feinden gleich
Sind die Armen stets arm, und die Reichen stets reich
Und mühsames Urteil hat euch noch immer verdrossen

So mag für mein Schicksal genügen
Der Jahrtausende alten Seele noch eine hinzuzufügen
Noch einen Gewinn der schrecklichen Wahrheit
Ins Dunkle zu bergen –
Oder zu zerren ans alles zerreißende Licht

Denn ich kann nicht sagen:
»Ich kenne euch nicht«!

Kopf ab denn – tut »eure Pflicht«!

Fürst mit Dame I
Nach einem Bild von Lucas Cranach

Hoch aufgesessen, über freiem Feld,
Die Zügel halb verhängt,
Von weitem ganz verschwindend hinter Büschen,
Doch Armbrustbolzenziel
Für den Enterbten, der
Berechtigt, gleichzustehen ihm,
Vom Glück verlassen.
Doch der verschont ihn heute
Und läßt die angeschlagne Waffe diesmal sinken,
Weil er die Milde kennen lernte
Des königlichen Bruders,
Der sein Leben rettete – vor langer Zeit.

Vielleicht auch Ziel von umgebogner Hacke
Und spitzgedroschner Sense,
Die ihn bald herunterreißen,
Gerechter Rache halber,
Ohnmächtige Wut ins Feuer der Verzweiflung werfend.

Hochmut der Ahnen wäre so gemildert,
Wenn er dem Landmann,
Der den Acker ihm bestellt,
Sich auf diese Weise neigte.

Doch er blickt sorglos,
Woran eben denkt er?
Sie aufzuhängen oder zu befreien
Aus der Schuld?

Hoch aufgesessen,
Nur mit Federhut und ohne Harnisch,
Kaum zur Jagd, mit leichten Schnürgamaschen,
Wenn auch die Hunde sich an langer Leine tummeln,
Die stummen Freunde vieler Stunden

Bei heißer Hatz und später am Kamin;
Und auch das Schwert hängt lang zur Seite,
Alter Gefährte seit der Jugend,
Böser Trenner von Haupt und Gliedern,
Immer noch gefürchtet,
Soll's heute seine Dienste tun,
Wem spürt er nach?

Hoch aufgesessen, aber immer rückwärts sprechend –
Jetzt, da sich das Buschwerk beugt,
Sein Roß ins Freie tritt,
Wird seine Schöne sichtbar,
Die mit leichter Hand die Hüfte ihm umgschlingt,
In langem Haar,
Rittlings auf festen Pferdekruppen.

Er reitet aus mit seiner Huldin,
Und jeder schont ihn, er versteht:
Bei der gestrengen Gattin
Und all den Festen ohne Freude
Umringt von grämlicher Erhabenheit,
Und kalter Pracht bei kargen Sinnen;

Er wendet sich zur Stadt;
Er sucht die Freiheit
Wie wir alle, unser Fürst,
Und flieht die schroffe Burg.

Artemis jagt auf dem Gobelin
Gesehen nachts am Kamin

Ein schwarzes Tal vom Saum aus Nacht gewirkt
Mit leichten Elfenkörpern, jagend von der Seite
Nach unten an den Bach
Und schlanken Hunden,
Die noch eben ganz aus gelbem Zwirn,
Lebendig hecheln nun im Feuerschein und folgen
Ihren Flanken,
Vorbei an Rosenbäumen,
Vorbei an Rautenwappenstauden,
Die dem Blau der Nacht entgehn,
Gestickt mit Blut von zarten Händen,
Vorbei an spitzem Schilf aus hellem Weidengrün
Hinab zum Silberspiegel aller Wässer,
Die zu Tal sich neigen
Und jäh durch seinen Glanz
Den Blick nach oben wenden:

Mond!
Hoher Fürst der Geister,
Der Jagd und Jäger und die ferne Töterin
Gebannt hält, da die Herzen er, der Mond,
An tausend Silberfäden an sich zieht,
Mit seinem Wandellicht den bangen Traum
Von Liebe mächtig wirkend:

Ein Jüngling wird es sein
Und eine Jungfrau,
Kündet das Orakel,
Beide geopfert aneinander;
Hirsch und Reh und Wildschwein klagen,
Und edle Falken in den Büschen
Weinen wie sie und spenden so
Als Tau die Perlen in das golddurchwirkte Gras.

IV. Gedichte aus anderer Zeit

Frühe Traumreise –
Zyklus aus den Jugendgedichten

Geheime Warnung – zugesteckt im Gedränge

»Hier diesen raschen Brief von mir:
    Verreise schnell,
        Bevor das Unerträgliche dich schleift,

Noch ist es hell,
    Ergreif die Flucht,
        Bevor der Schatten dich ergreift!

(Verzeih die hastige Hand,
Ein Freund, wenn auch getarnt,
Hat dich im letzten Augenblick gewarnt,
Flieh in ein andres Land!)«

Am Fenster

Du sitzest an deinem Fenster zuweilen
Und blickts auf den Garten durchs Glas –
Vergessen sind Bücher, Zeitschrift und Zeilen
Du siehst nur die Wolken vorübereilen
Und die Stunden in merklichem Maß.

Was ist es, daß du nach Außen lauschst
Als fände die Landschaft einstens ein Wort
Dich an leblosen Dingen so lange berauschst?
Du wartest und lauschst nur und lauschst
Und die Jahre fliegen dir fort.

WOLKENBILD

Zwei Wolken, hell vor grauen
Die mit dem Regensturm nach Osten ziehn
Berührn mich seltsam beim Beschauen
Zwei Augenblicke ehe sie entfliehn.

Erinnern mich – als käm es wieder –
An Zimmer vor verschneitem Waldgebiet
Erinnern mich an alte Kinderlieder
An Birkenfeuer, das im Ofen glüht ...

Ihr Weiß zerinnt – vielleicht ist auch vergangen
Was sie beleuchtet: Brechung fernen Lichts –
Die Nacht fällt ein mit schwerem Naß verhangen
Der Regen rauscht, sonst regt sich nichts.

Am Vorabend – Dunkle Ruhe

Dunkle Ruhe, niemals wieder –
Worte wie Sehnsucht tief und schwer
Der Ahorn wirft seine Blätter nieder
Die Straßen sind naß und der Abend ist leer.

Die Stunden scheinen zu vagabundieren
Grau geht die Luft über Felder hin –
Laß Nacht sein, was können wir schon verlieren
Was Tag war, wer hält den Gewinn.

Trinkt und stoßt auf die Träume an!
Schon spiegeln sich Lichter im Unkenweiher
Der Schlaf kommt in tonlosen Wogen heran
Ohne Ruhm, ohne Schwert, ohne Leier.

In der Frühe

Spät, wenn es heller wird schon
Sitze ich oft noch am Tisch
Vögel erwachen mit kreischendem Ton
Ulmengeruch ist erdreich und frisch

Immer mehr Asche wird mit der Zeit
Was noch im Pfeifenkopf glüht
Weit stehn die Fenster auf – weit
Daß der Rauch in die Nachtluft zieht

Und Bücher sprechen zu mir wie ein Freund
Jeder Schatten im Zimmer ist mir vertraut
Jeder zitternde Ring, den die Lampe scheint
Im Holz jeder knackende Laut

Wie bin ich allein, ohne einsam zu sein
Die Zeit steigt in dämmernder Flut
Über Felsen herab, über Bruch und Gestein
Dringt Licht auf schlaftrunknes Leben ein
Im Osten lodert die Glut …

Morgen in der Stadt

Es scheint mir, als schritt ich im Traum
Durch die Straßen
Alle die Plätze sind weit und geräumig
Still ist und morgenlichtig die Stadt

Die Häuser sind westwärts noch dunkel und harrend
Schläft in den Toren der nächtliche Schatten
Doch an den Fenstern steigt schon das Gold

Und mengt mit dem Staub sich zu köstlichen Spielen
Rombus und Dreieck zerteilen die Lüfte
Scheiben vibrieren klirrend im Licht

MELANCHOLIA-FIGURATIONEN EINES VORMITTAGS

Architekturprospekte schaffen Raum
Für Marionettenspiel aus Beingerüst und Fleischbrokat
Und leere Tempelhallen warten auf den Tag
Die junge Schatten meißeln emsig an Konturen
Die Masten alter Abenteurer stehn zum Kauf
Die Zeit verwandelt ihre Purpurflaggen
In rosa Wimpel.

Der Vogel Phönix steigt am Horizont
Fast wie ein Kinderdrachen auf aus gelber Seide
Und von den Fenstern wehn auf hohen Leinen
Poetenhemden, die ein wunderlicher Hauch
Aus altem Heimweh bläht.

Das Forum füllt sich
Und die Fleischerbänke duften
Justitia thront in steinerner Gelassenheit
Und Kupplerinnen halten frische Brüste in den Miedern
Für ein beherztes Venusopfer schon am Morgen.

Der Maler malt, der Fischer fischt
Der Dieb geht seinem Handwerk nach
Und Hunde streunen in der Vorstad auf und nieder
Ein Einsamer verfolgt den Fluchtpunkt seiner Perspektive
Und Unrat nistet zwischen Goldorangen.

Ein Vogel stürzt
Ein Ruf wird möglich –
Bleibt ohne Antwort er
Sind alle Schriftgelehrten
Geschäftig ratlos
In der Synagoge.

AUFBRUCH

Die Stunden geben Segel für die Fahrt
Durch Marmorlicht und Alabsterkühle
Zwei Rosendüfte treiben weiße Ziele
Und die Gefühle stehen am Strand gepaart.

Fern werden gläserne Gebirge fahl
Verkohlte Bäume gehn durch blassen Bogen
Auf Kirschenholz stehn Brot und Rogen
Das Büchsenbier am Fenster duftet schal.

Drei Mongolfieren stehen über einem Hafen
Die Lüste lagern sich und ihre Träume
Indes zerschlagene Skulpturen thronen;

Der Schall verstummt, die Wasseruhren schlafen
Die leichten, vogellosen Mondscheinräume
Verlieren sich in schattigen Regionen.

SPÄTSOMMERWIND

Birnen – rauher Ton des Violoncell
Vermächtnis in den Wind gestreuter Blüten
Wie sind sie reif! Was jene noch versprühten
Ist nun in ihnen ein gestauter Quell.

Und Wein, getrieben noch und noch berauscht
Von Hämmern goldner Sonnenklavichorde
Füllt Bottiche und eichne Borde
Indes die Stille nach den Gärten lauscht.

Schwarz prasseln dort die Äste nieder
Auf Feuer voller feuchtem Untergang –
Was jetzt noch Gold ist, geht in Wolken über;

Die Weiher schimmern hell und bang
Die Schatten regen raunend ihr Gefieder –
Der Sommer rauscht, der Wind trägt seinen Klang.

GOLDENER NACHMITTAG

Aus Pfirsichblüten ist der Nachmittag
In Spiegelungen eines Teichs gefallen
Die Pärke lassen die Kaskaden hallen
Und Türme warten auf den Stundenschlag.

Jenseits des Flusses liegen dort und hier
Bis an den Horizont verstreut, Maschinenteile
Die Barographen ziehen ohne Eile
Den Stift auf das gerötete Papier.

Und Schwalben jagen eine blaue Stunde
Ein Zug fährt ab; der Abend ist wie Tee
In grüne Vorstadtboulevards gegossen;

Die Ferne hetzt die langen Schattenhunde
Geneigter fallen Blüten in den See
Und bald ist alles schon in Nacht zerflossen.

ABENDS

Wie über die Treppe zum Sturz
Ein Glas in tausend Stücke zerspringt
Auf ausgebreiteten Armen
Will ich fliegen wenn mit dem Abwind
Die Gassen des Hafens
Den ersten Weingeruch atmen und
Nahe den Schenken
Sich schöne Unzucht schminkt
Und wo gewittrige Abenteuer wie Dolche funkeln
Da will mit den Flügeln der Schwalben
Ich segeln und später den Flug
Durch die kreischenden Spatzen
Beenden – langsam zerschellend
In einer Pfütze voll Licht

HOROSKOP

Du kehrst, mein Stern
Dich unsern Sphären wieder zu
Und mahnst an Reife –
Mandelbittrer Kern
Für den, der ohne Ruh bestimmt
Dafür, daß er durch ferne Länder streife.

Doch komme nun Oktober, hohe Zeit
Der Sternenhimmelweite
Geh leuchtend auf Gestirn und wandle hoch
Und sieh, daß mich dein Gruß geleite.

TRAUMWANDERUNG

Dunkel breitet sich über das Tal des Erinnerns
Die lohen Kirschenbäume von einst
Starren versteint auf den Frostschnee

Dünn nur wandelt der Schicksalsmond
An geschliffenen Graten hin –
Stummes Orakel über den Schluchten

Und wo die Nacht noch nicht ausreicht
Verblaßt ein türkisner Gedanke
Über dem Meer des einstigen Tags

Höher noch als der Wind
Zittert ein fernes Gestirn

Willkommener Grund

Die Wolken ziehen höher ihre Bahn
Doch talwärts geht der Schritt
Das meint: Ich zieh im Gegensinne mit
Ein Stern, die Einsamkeit und ich
Wir sind zu dritt.

Der Weg verschneit
Ein uns verwandtes Wesen ist nicht weit
Obwohl am Stege weit und breit
Der eigne Herzschlag
Nur dem Ohr Geleit
Und Wegrecht gibt.

Dort bricht ein Zweig
Vom Wipfel stiebt
Der Schnee, der Schall versiegt im Tann
Sogleich, nur leichtes Flockenrieseln fliegt
Am Haar vorbei
Und irgendwann
Wird sich ein Licht
Im Grund dort unten
Flimmernd zeigen.

Vielleicht kehrst ein du
Oder gehst vorbei
Noch ist es nicht gewiß
Was sich im Nebel dort verbirgt
Und welcher Art das Feuer sei
Das dich dort wärmt

Noch ist die Zukunft nicht verwirkt
Und liegt das Mögliche in jedem Grunde
Und nimmt uns auf am hellen Herd
Die neugebornen Stunde

Ist wie der Ort bereit
Es gibt kein wünschenswertes
Anderswo in dieser Runde.

STERNBILD

Orion, der Held mit dem Gürtel
Ruht über flimmernden Räumen
Ängstlich weicht ihm und weibisch
Die blässliche Mondin
Fast bis zum fichtenen Saum schwankt
Ihr gequältes Oval –
Die Furchen sind weithin gefroren
Und Sterne erzittern im Rauch eines Baches
Der Morgen ist fern noch und kühlende Nacht
Schützt vor den glühenden Kämpfen des Tags ...

Barocke Widmungen Grabinschriften und Klagelieder

Widmung und Epitaph

Der Tag beginnt, der Tag verinnt so schnell
Mit ihren Sternen kommt die Nacht
Wär Leben Melodie doch oder Quell
Und nicht so oft zertan, zerdacht

Der Quell geht sacht
Und immer neu aus sich hervor
Das Lied, so schnell vertönt
Dringt lindernd doch an unser Ohr
Es tröstet und versöhnt

Doch unser kleiner Tag verinnt so schnell
Zerquält, zertan, zerdacht
Und was die Melodie darin, und was der Quell
Lehrt spät uns erst die sternendunkle Nacht

ODE AN DIE ERINNERUNG

Oh komm zurück,
Oh könnte ich dich bannen,
Du Ort, dem Ursprung noch so nah,
Du alte Zeit, wo Zukunft noch so weit,
Und jeder Blick
Und jeder Atemzug
Die ganze Welt umspannen,
Als alles, was geschah,
So unberührt und doch bereit,
Und selbst die Träume, die im Licht zerannen,
Und was im Flug
Der frohe Stundenwechsel sah,
Wie im Triumph dem jungen Tor zum Schein
Ein freundliches Geschick ersannen!

Du stehst nicht still,
Du Schatten der Erinnerung,
Noch, was dich trug,
Nicht, wann ich will,
Bist du bereit,
Zu bannen,
Was später dann die Zeit
Soweit getrieben in das Leid;

Du stehst fürwahr nicht still,
Wirst immer stärker, groß und breit,
Und läßt den Stachel der Vergänglichkeit
Mich dann im Elend meiner letzten Tage
Schmählich übermannen.

ODE AN DEN SCHMERZ

Schmerz, Schmerz, wohin du siehst!
So tief erfüllt
Kein Lachen uns im Grund,
Kein Balsam quillt,
Wie der, woraus sein Schwinden sprießt.

Erschüttert und zerklüftet der geschlossene Mund,
Erschütternder der Schrei!
Schmerz über Abschied,
Schmerz aus Liebe,
Schmerz über Totes, das man lebend will,
Schmerz über lang Versäumtes,
Bitten, Klagen,

Schmerz über hoffnungsvoll Geträumtes,
Schmerz über ungefragte Fragen,
Versagten Haß, versagte Gegenliebe,
Schmerz über schmachvoll ungeliebtes Einerlei,
Versengte Freude und erfrorne Blütentriebe;
Schmerz des Verlornen, Schmerz des nie Gehabten
Und Schmerz des Ungestillten, des nur Halbgelabten,–
Wohin du horchst, du hörst nur Schreie
Stumm und schrill!

Das heißt: Der Schmerz steht niemals still!

Schmerz noch im Alter, Schmerz der Einsamkeit,
Schmerz, daß kein Wort
Die längst Vergangenen erreicht,
Daß selbst der letzte Hort
Mehr Folterkammer denn bequeme Wiege sei,
Schmerz, daß man nicht
Schon früher zu verzeihen und zu bitten wagte,
Um ungesprochene Worte, die uns quälen,

Um viel zu früh gelöschtes Licht,
So daß man selbst vor Jahren schon gebleicht,
An diesem grauen, kalten Grabstein nutzlos klagte,
Wo jede Hoffnung dem Vergessen weicht,

Bis wir uns frei dem eigenen Tod mit Lust vermählen.

WIDERHALL

Die Flöte weint und klagt,
Als wollte sie zerspringen,
Und doch sind's Ströme seelenloser Luft,
Die ihren toten Leib durchdringen.
Was aber klagt und weint,
Macht Luft zu Tönen,
Läßt die Saiten seufzen, ächzen oder klingen,
Die wiederum mit scharf gepreßtem Laut
Das Ohr so seltsam uns verwöhnen
Wie eine Stimme heimisch und vertraut?

Was hinter allen Dingen,
Zu fassen kaum,
Dringt durch Metall
Und Holz und Fleisch und Bein
Als Atmen, Weinen oder Schrein,
Was hinter aller Zeit,
Vor allem Raum,
Im Wachen, Schlafen oder Traum,
Ist dennoch da,
Als wär's ein Teil von dir,
Und kommt doch ganz von weit
Und geht dir doch so nah
Und liegt so tief in einem unbekannten Grund?

Das, was da tönt, du mußt es selbst,
Du immer selbst gewesen sein,
Mit allen Wesen überein
Verwandt und doch am Ende nur mit dir allein.

WORTE

Sprich nicht zuviel, die Welt ist stumm
Und läßt mit deiner Rede dich allein
Sie kehrt dich um
Und macht dich einsam noch zu zweien
Sie kehrt sich wider dich und schließt dich krumm
Und macht dich sprachlos durch ihr Anderssein –

Ergreif das Wort und sieh
Die Welt kehrt sich uns zu
Sie beugt ihr Antlitz jäh zu dir
Wirft rätselschöne Blicke unverwandt
Und vieles scheint von alters her bekannt
Und manches spricht nun freundlicher von uns und wir

Du ahnst im Nebel frohe Zeichen
Siehst Anreiz und Versprechen und im Nu
Scheint Nah und Fern sich angenehm zu gleichen
Wie alte Freunde sich die Hände reichen
Und manchen Herzschlag
Hörst du zwischen ich und wir und du

V. In eigener Sache

Lesen und Schreiben

LUSTOBJEKTE

Da stehen sie dreimeterhoch
Und leise Wagen
Werden hin und hergeschoben
Mit ihrer Last
Lehrlinge schleppen sie zur Leiter
Andere sortieren sie
Und stellen sie an ihren Platz
Ausgebreitet liegen manche
Auf weißen Tischen

Erfaßt, gefilmt, gezeichnet und
In Katalogen wieder abgedruckt nach Titeln
Haben sie die Welt verändert?

War es möglich, daß
Diese gesamte Druckerschwärze
Dieser unendliche Wortschwall
Diese geronnene Denkanstrengung
Letztlich nur
Hervorbringen konnte
Daß ein paar Aktienkurse steigen
Andere fallen

Daß ein paar Verlage reicher werden
Und ein paar reiche Buchhändler
Wieder etwas ärmer
Autoren dagegen
Weiterhin im allgemeinen
Darben

Und einige unwiderbringliche Wälder mehr
Abgerodet werden und zermahlen
Zu Papier?

Was sich jetzt über uns wälzt
Das alles haben sie also nicht verhindern können
Ist das möglich?

MACHT DER WORTE –
Surfer im Internet + kleine Kommunikationsfehler

Flugrouten,
Ruß im Überfluß,
Überlandflug, da:
Himmalaja!
Hindukusch nun!
Sao! Paolo!
Nicht weiter
Sadomir, Sodoichthyr!
(Gleich nebendran!)
Achtung: Lon-don-drin-don!
(Ah, gefühlsecht, Donnerwetter!)
Dinkelsbühl an der Knatter,
Hessen am Orinoco,
Washington an der Pegnitz ...

(Das kann alles nicht stimmen)

Joschka, der Fisch,
Helmut, der Frosch,
Oskar, die Springflut ...

(Das kann auch alles nicht stimmen)

Aber mir gefällt's besser so!

LYRIK

»Soll ich in Lyrik machen«
Fragte uns vorwurfsvoll ein alter Schauspieler
Bevor er abtrat mit großer Geste
Dann aber immer wieder zurückkam
Wegen des Beifalls
Und als er sich endlich nicht mehr rühren konnte,
Schließlich seine Memoiren schrieb.

»Ich bin Lyriker«, sagte ein Zugreisender bescheiden
Indem er sich vorstellte.
Ziemlich jung noch, – auch Visitenkarte.

Etwas verlegen dann beide
Und haben versucht, über andres zu sprechen
Als unsre Arbeit (oder, wie nennt man das?)

Lyrik? Vielleicht,
Wenn man Polin ist und …
Oder sonst noch Nobelpreisträger für Flugantriebe
Oder ganz jung und
Aussieht wie damals Françoise Sagan

Nur etwas blasser vielleicht,
Wie angesteckt
Von einer seltsamen Krankheit –
Fast südlich (sozusagen).
Aber so?

Doch dann wieder ein zufällig aufgelesener
Zeitungsfetzen
(Abgebrochene Sätze, Nonsense pur,
Konzentriertes Dada, De– und Collageprinzip und …
Ihr versteht schon):

Die Welt wieder in schönster Un-Ordnung,
Lebbar, ohne stickige Atmosphäre ...

Und ich dachte: Sei's drum
Ich schreib alles auf
Und wenn das Papier
Dazu diente,
Heringe einzuwickeln.
Es ist jedenfalls besser als
Irgendwann
Stumm zu sein.

Kein Taubenfrass

»Lyrik, das ist kein Taubenfraß, mein Lieber,
Das muß dir an die Dinger gehn,
Und das Herzblut muß fließen,
So! Verstehst du?«
(Und er drückte eine Zitrone aus
Über seinem Glas.)

»Ab und zu kannst du ja dann
So ein paar von diesen Wörtern einstreuen –
Du weißt schon« ...
Sagte der alte Clochard;
(Er war Professor in Harvard
Und trieb mit vielen Verlegern sein Spiel.)

Ins Labyrinth
Für Amos Oz

Viele Rücken stehn da beieinander –
Nicht der Venus und der Musen!
Alte Bücher, schwere Titel,
Vergangenheit lebendig oder tot begraben;
Ihr Duft: nicht Kot, noch Moder,
Eher Juchten und Velour,
Doch meist in Grobes eingebunden,
Von Ochs und Kalb und Schwein und Ziege,
Auch Knochenleim hält sie zusammen.
Wie viele Rinder, Heraklit, in einem Buch!
Wie viele Hekatomben des Gebrülls jetzt schweigsamen
Jahrhunderten der Ruhe übergeben,
In jedem Falle: Mumienwerk,
Doch manchmal
Zur stillen Morgengabe gewandelt für den Leser.

Mit goldenen Ketten an schweres Holz geknüpft,
Mit Lettern, tief geprägt, auch vielfach abgestempelt und
Gemünzt und aufgereiht wie Vieh.
Einst Gabe an den Gönner
Oder Eroberer- und Verlegerbeute,
Vielleicht geheimer Schatz ergrauter Sammler,
Gehören sie jetzt uns, dem Volk.

Und fremde Ozeane, Buchten, leere Deltoide,
Gehn dem Leser in die Seele,
Oft unbekannt, doch streng vermessen,
Wie Faustens Königreich im Meer;

Und handgeschöpfte Seiten blenden
Mit Wappen und verrätselten Emblemen,
Mit Schwertern, Kronen, Segeln wie im Wind
Und Totenschädeln, die zur Andacht mahnen,

Vielleicht auch Kerzen leuchten lassen
In den Augenhöhlen – geistreich metaphorisch;

Und Titel wie Köstlichkeiten
Aus Yoricks Schädel,
Der Würfel-Phantasie des Alphabets
Entsprungen, oder ersonnen
Von Rittern trauriger Gestalt;
Von Rechtsgelehrten, die barock
Mit Folterkammern prunken,
Gerechtigkeit dem Corpus abzupressen.

Auch präparierte Nervenmänner
Hochgelobter Anatome versammeln sich,
Nicht immer alphabetisch,
Doch ›Bein zu Beine‹,
Mit höflicher Verbeugung
Grüßen sie den Fötus.

Zuschlagen, wenden, weiterlesen?
Eintauchen oder reisen eher,
Wie Marco Polo, bevor er seinen ersten Harem sah
Und seine erste Seidenraupe
(Oder die chinesische Geliebte?)

Mitreisen jetzt und weiterlesen
Im Stelldichein der wohlgeformten Mythen

Und hochgelobter Rhythmen:
Jambus, Anapaest, Trochä –
Alkäisch, saphisch, jonisch –
Liebesseufzer in ganz ungewöhnlich strengen Sprachen,
Sodann kapitelweises Wissen über unberührte Länder,
Und Dramen als gespanntes Federwerk ersonnener Intrigen,
Und erst die Verse bangen Wohllauts
Und die Bitterkeit der letzten Worte,
In süßen Reimen!

Oder Galgenlieder,
Fünf Strophen lang dem Henker trotzend!

Eingestreut seit jeher sind
Der Druckerschwärze
Boten der Schattenwelt
Vermächtnis des Posthumen
Auf leicht zerfallendem Papier,
Aber die Lettern wehren zäh
Wie Drachenzähne
Der verhaßten Zeit.

So also unverdrossen
Wieder aufgeschlagen schon vergilbte Bände,
Gewichtigkeit gesalbter Geistesringer,
Bewehrt mit Spangen sowie ochsenhautumhüllt,
Wertvoller jetzt als Diamanten,
Und schwerer fast als Domherren;

Gewidmet einst mit speichelfeuchten
Knechtsbeweisen hohen Gönnern,
Verbeugung vor den Geßlerhüten
Der Zeit, oder auch Fehdehandschuh,
Stolz geschleudert,
Vielleicht auch Giftdolch, nachgeworfen
Dem falschen Ruhm des andern,
Ohrfeigenpaare ausgeteilt
Dem eigenen Jahrhundert –
Vielleicht auch uns;
Heilige, Madonnen, Abenteurer
Und Büßerinnen – alle im Verzeichnis,
Aufgereiht nebst angezeigten Abenteuern ...

Regloser Glanz berühmter Geistesahnen,
Verschlossen in Vitrinen,
Er dämmert fort.

Und neue Bücher, unbekannt,
Einfache Schriften
Auf duftendem Papier,
Zauber der Leere ...

Auftauchen dann
Und wieder von der Milch der Gegenwart
Getrunken und sodann:
Wieder hinab ins Reich der Schatten!

Sonntagmorgen-nach-dem-Frühstück-Sonnenstrahl
Erweckt Vergangenheit:
Lebendig öffnen sich die Bücher ...

LITERARISCHER DISPUT – VOR DEM MENU
Für Christian Morgenstern

A: Lassen Sie, lieber Kollege
    Mich eben zitieren:

B: Erhabener Fisch! Aber der Fisch kann nicht jubilieren!

A: Muß er nicht – ist trotzdem ein feines Gedicht
    Aber lassen Sie mich jetzt noch ein weiteres Beispiel anführen

    »... — — — ...«

B: »SOS«? Das ist jetzt aber wirklich banal!

A: Ganz egal
    Damit hat man einmal
        Eine ganze Flotte gerettet
            Außerdem sehr poetisch

B: »Seele retten«! – was für ein altmodischer Fetisch!
    Jetzt kommen Sie mir sicher auch mit »ästhetisch«
        und »Teetisch«!

A: Nein – ich meine es eher ethisch.

B: Darauf hätte ich gleich gewettet
    Aber damit ist man noch lang nicht auf Lorbeer gebettet.

A: Das ist wahr –

B: Wie zu beweisen war!

A: Aber der Fall war doch sowieso klar!

B: Der Fall also wäre tatsächlich insofern klar: Die Kunst
  liegt in der Pause
    Liegt im Dazwischen.

A: Aber lassen Sie bitte nicht Fisch und Braten
  Poetik und Pause vermischen
    Alle vier werden uns noch entwischen!

Inhalt

Rätsel und Widmung · 7

I. AUFTAKT
Rettung · 11
Strand · 12
Büroalltag – Mittags · 13
Das Telephon ist wie ein Eichhörnchen · 14
Wieder Abend · 15
Wofür · 16
Schöne Aussichten · 17
Baum/Kater · 18
Aus dem Tagebuch des Reisenden · 19
Ferne · 20
Im Jet aus den Augenwinkeln betrachtet · 21
Auf der Konferenz · 22
Alle Städte · 23
Epilog – vorläufig · 24

II. GEDICHTE AUS DIESER ZEIT
TRÄUME, ERINNERUNGEN, BILDER · 27
Türen im Traum · 27
Alles muß sich dringend ändern · 29
Bilder zum Ausgang · 30
Vorfrühling · 31
Nachkriegsjahre · 32
Beginnender Herbst · 34
Ausritt · 35
Vorsorge · 36
November Wind · 37
Winter in den Bergen – damals · 38
Jahreswechsel · 39

ALLTAG · 40
Charmanter Unhold · 40
Der Lieblingskater ist geschoren · 41
Halbe Predigt wider die Realisten · 42
Sperlinge · 43
Frühe Entscheidung · 44
Herrliche Frühstücke · 46
10 Uhr · 47
Glimpflich · 48
Anonymer Anruf · 49
Moment mal · 50
Das siehst du falsch · 52
Privileg · 53
Tröste dich nicht · 54
Bummeln · 55
Unerwarteter Hase · 57
Kino – das wahre Verschwinden der Kondensstreifen · 58
Vorsicht Falle – Lederhosen · 59
Kaffee fast wie Banane · 60
Und abends Wetterfernsehen · 61
Zeitungsweisheit · 62
Jahresrhythmus · 63
Positiv · 64
Abseits der Lemminge · 65

REISE IN DEN SÜDEN · 67
Sommerbild · 67
Süden · 68
Telegramm · 69
Aufbruch nach Kythera · 70
Angekommen · 72
Am Strand · 73
Schickes Leben hier · 74
Stunden und Tage · 76
Olivenbaum I · 77
Olivenbaum II – Gegenstrophen · 79
Nachtmahl · 80
Leuchtturm vor dem Hafen · 81

Ameisen – scheinbarer Unterschied · 82
Unter Wasser · 83
Diesen Sommer – Wolkenschatten · 84
Sommer-Gast-Katze · 86
Abflug · 88
Daheim · 89
Keine Sorge · 90
Ich werd nicht froh · 91
Beständig im Wandel · 92

III. Zwischen den Zeiten

Charakteristiken · 95
Auf ein taubes Mädchen · 95
Auf eine große Schauspielerin · 96
Züricher Groß-Münster · 98
So liebt' ich mir die Ahnen · 99
Weimar am Telephon · 101
Begräbnis am Starnberger See · 103
Virtuose · 105
Philister – Früher · 106
Die Tiere · 107

Von Liebe und ähnlichen Erscheinungen · 108
Versäumte Augenblicke (Macht ja nichts!) · 108
Vorlesung für's Leben · 109
Warum nicht gleich · 110
Premier amour · 111
Liebesnacht – stürmisch · 112
Was für ein Wort · 114
Arkadien in der Kur · 115
Vielleicht · 116
Abschied von einer Freundin · 117
Alte Spiele · 118
Lied des Füsiliers · 119
Balkon · 120

BALLADESKES · 121
Weltuntergang · 121
Ballade vom Neuanfang · 122
Lied des Aeronauten · 124
Odysseus und Telemach · 126
Mythisches Treiben/Wolkenjagd 1 · 128
Wolkenjagd 2 · 129
Vorahnung der Alpen – Der letzte Bauer von K. entzieht sich den neuen Zinsherren · 130
König im Herbst · 132
Der Wesir des Königs vor dem Urteil des Volks · 133
Fürst mit Dame I · 137
Artemis jagt auf dem Gobelin · 139

IV. Gedichte aus anderer Zeit

FRÜHE TRAUMREISE – ZYKLUS AUS DEN JUGENDGEDICHTEN · 143
Geheime Warnung – zugesteckt im Gedränge · 143
Am Fenster · 144
Wolkenbild · 145
Am Vorabend – Dunkle Ruhe · 146
In der Frühe · 147
Morgen in der Stadt · 148
Melancholia-Figurationen eines Vormittags · 149
Aufbruch · 150
Spätsommerwind · 151
Goldener Nachmittag · 152
Abends · 153
Horoskop · 154
Traumwanderung · 155
Willkommener Grund · 156
Sternbild · 158

BAROCKE WIDMUNGEN GRABINSCHRIFTEN UND KLAGELIEDER · 159
Widmung und Epitaph · 159
Ode an die Erinnerung · 160

Ode an den Schmerz · 161
Widerhall · 163
Worte · 164

V. IN EIGENER SACHE
   LESEN UND SCHREIBEN · 167
   Lustobjekte · 167
   Macht der Worte – · 169
   Lyrik · 170
   Kein Taubenfraß · 172
   Ins Labyrinth · 173
   Literarischer Diput – vor dem Menu · 177